QUATRO HOMENS, UM DESTINO

QUATRO HOMENS, UM DESTINO

Hernandes Dias Lopes

© 2007 por Hernandes Dias Lopes

Revisão
Lena Aranha
Josemar de Souza Pinto

Capa
Douglas Lucas

Diagramação
Atis Design

Editor
Juan Carlos Martinez

Coordenador de Produção
Mauro W. Terrengui

1ª edição - Março 2007
Reimpressão - Março de 2008
Reimpressão - Novembro de 2009
Reimpressão Agosto de 2011
Reimpressão - Fevereiro de 2013
Reimpressão Junho de 2014
Reimpressão Outubro de 2015
Reimpressão - Novembro de 2017

Impressão e acabamento
Imprensa da Fé

Todos os direitos reservados para:
Editora Hagnos
Av. Jacinto Júlio, 620
04815-160 - São Paulo - SP - Tel/Fax: (11) 5668-5668
hagnos@hagnos.com.br - www.hagnos.com.br

Dados Internacionais de Catalogação na Publicação (CIP)
(Câmara Brasileira do Livro, SP, Brasil)

Lopes, Hernandes Dias
Quatro homens, um destino / Hernandes Dias Lopes. -- São Paulo : Hagnos, 2007.

ISBN 978-85-7742-005-6

1. Abraão (Patriarca hebreu) 2 Isaque (Patriarca hebreu) 3. Jacó (Patriarca hebreu) 4. José (Patriarca hebreu) 5. Patriarcas (Bíblia)- Biografia 6. Vida cristã - Ensinamento bíblico I. Título. II. Série

07-0330   CDD-222.11092

Índices para catálogo sistemático:
1. Patriarcas bíblicos : Vida e obra   222.11092

Editora associada à:

Dedicatória

Dedico este livro ao presbítero Domício Bonifácio Vieira, homem de Deus, varão valoroso, servo fiel de Cristo Jesus, amigo e companheiro de jornada, e à sua dedicada e fiel esposa, Neuse Torres Vieira.

Sumário

Prefácio — 09

1. Não desista de esperar — 11
(Rm 4.17-21)

2. Olhe para o céu e conte as estrelas — 23
(Gn 15.1-6)

3. Como passar pelas provas vitoriosamente — 33
(Gn 22.1-19)

4. O triunfo da fé — 43
(Gn 22.1-19)

5. Quando um casamento doce se torna amargo — 53
(Gn 24.63-67; 25.20-21; 26.7-11; 27.1-46)

6. Como transformar a crise em triunfo — 67
(Gn 26.1-33)

7. Uma escolha soberana, um amor incondicional — 79
(Gn 28.10-17; 32.22-30; 35.1-7)

8. Um homem a quem Deus não desiste de amar — 91
(Gn 32.22-32; Os 12.3,4)

9. Quando Deus é o Senhor de nossos sonhos — 99

10. A triunfante providência de Deus na vida de um homem — 107
(Gn 49.22; 50.20; At 7.8-16)

Prefácio

Abraão, Isaque, Jacó e José formam um quarteto singular na história da humanidade. Jamais um avô, filho, neto e bisneto foram tão conhecidos na História. Mesmo separados de nós há quatro mil anos, ainda estão vivos em nossa memória e ainda se constituem modelos para aqueles que querem andar com Deus.

Esses quatro homens tiveram um destino traçado por Deus. Abraão foi chamado para ser o pai de todos os que crêem. Deus o tirou de uma cidade idólatra e do meio da sua parentela. Ele obedeceu a Deus e andou pela fé, construindo tendas, levantando altares e aguardando a promessa. Seus olhos estavam fitos em Deus, seu coração apegado ao céu e, dessa forma, caminhou neste mundo, como amigo de Deus, sem jamais ser seduzido pelas riquezas terrenas.

Isaque foi prometido por Deus. Era o filho da promessa.

Seu nascimento foi um milagre. Nasceu num lar temente a Deus e bebeu, desde a infância, o leite da piedade. Já homem feito, deleitava-se na oração e na meditação. Foi um homem manso a quem Deus fez prosperar. Foi pai de duas nações, pois seus filhos se tornaram o tronco de dois povos: o israelita e o edomita.

Jacó foi um homem escolhido por Deus antes de nascer. Seu destino foi traçado na eternidade. Sua agenda foi comandada pelo céu. Nessa trajetória, viveu altos e baixos. Seus filhos foram a base da nação de Israel, o povo escolhido de Deus, a quem ele deu sua revelação especial e por meio de quem veio ao mundo o Messias.

José foi o filho amado de Jacó. Foi escolhido por Deus, preparado na urdidura das lutas mais renhidas para ser o maior líder do seu tempo. Jovem piedoso e comprometido com Deus. Fiel a Deus na adversidade e na prosperidade. Suportou com paciência as maiores provas e sofreu na pele as maiores injustiças. Mas Deus foi com ele no vale e também no cume dos mais altos montes. Deus foi com ele na prisão e também no palácio. Porque pôs sua confiança em Deus, foi bênção no meio de seu povo e esparramou sua influência além-fronteiras.

A história desses quatro homens ainda nos desafia. O tempo mudou, mas Deus não. O mesmo Deus que os fez triunfar nas adversidades é Aquele que pode nos tomar pela mão, nos guiar com Seu conselho eterno e, depois, receber-nos na glória. Leia este livro com o coração aberto, e sua alma certamente será abençoada com o orvalho do céu!

O autor

1
Não desista de esperar
(Rm 4.17-21)

Uma das maiores dificuldades do ser humano é esperar. Nossa paciência é curta. Queremos que tudo aconteça de nosso modo e no nosso tempo. Gostamos de cantar a música que expressa esse imediatismo:

> Bem, vamos embora, porque esperar não é saber.
> Quem sabe, faz a hora, não espera acontecer.

O século 21 é o século do imediatismo. Paciência parece ser uma virtude em extinção. Esperar produz em nós estresse. Somos a geração do *fast-food*, da comunicação virtual, da Internet banda larga, da celeridade. Alcançamos o mundo na ponta de nossos dedos. Trazemos o universo para o recesso de nossa sala. Em tempo real, assistimos concomitantemente ao que se passa no planeta terra, essa pequena aldeia global. É imperativo que tudo funcione dentro das leis do imediatismo. Esperamos que até mesmo Deus se enquadre dentro desse cronograma. Não temos paciência para esperar. Esperar um dia, uma semana, um mês, um ano, parece-nos uma eternidade.

Neste mundo de impaciência, desespero e desesperança, muitos têm uma esperança que não se desespera. A lenda grega de Ulisses e Penélope retrata esse fato. Na Guerra de Tróia, Ulisses foi para a peleja e não voltou. Muitos anunciaram sua morte. Os pretendentes instavam com Penélope para que lhes desse uma chance. Ela dizia aos que a cortejavam: "Quando eu terminar de bordar essa colcha, pensarei em sua proposta". Só que Penélope trabalhava durante o dia e, à noite, desfazia o que havia feito. Ela jamais desistiu de esperar a volta de Ulisses. Ela jamais desistiu do sonho de ter de volta seu amor. Ela esperou contra a esperança e alcançou seu desejo, pois Ulisses, quando todos apostavam em sua morte, retornou para casa.

O grande evangelista americano Dwight L. Moody, que durante sua vida anunciou a gloriosa esperança em Cristo, na hora de sua morte disse aos que estavam ao seu redor: "Afasta-se a Terra, aproxima-se o céu, estou entrando na glória". Ao cruzar a cortina do tempo e entrar na sala da eternidade, seus pés estavam pisando o firme solo da esperança. Um dos maiores pastores do século 20, o médico galês Martyn Lloyd-Jones, depois de uma batalha contra o câncer, disse a sua família e a seus paroquianos: "Não orem mais por minha cura. Não me detenham da glória". Para ele, a morte não era uma viagem rumo ao desconhecido, mas a entrada no céu, no paraíso, na casa do Pai, na pátria celestial. Paulo, o grande apóstolo aos gentios, na ante-sala do martírio, afirmou com inefável alegria: "Eu sei em quem tenho crido, e estou certo de que ele é poderoso para guardar o meu depósito até aquele dia" (2Tm 1.12). A esperança da glória manteve esse bandeirante do cristianismo de pé nas lutas mais renhidas. Ele tombou na terra, pelo martírio, mas ergueu-se no céu para receber a recompensa.

Muitos, porém, desesperam-se antes de esperar. Li algures a história de um médico francês cujo filho, vitimado por uma doença incurável, ao ver que todos os esforços haviam fracassado, aplicou em seu filho a eutanásia. Ao retornar do cemitério, onde havia depositado o corpo do filho amado, recebeu um telegrama de um médico amigo: "Acabamos de descobrir um remédio eficaz para a cura do seu filho. Segue pelo correio a dose que lhe salvará a vida". Infelizmente, era tarde demais. Aquele pai não teve a capacidade de esperar, levantou-se contra a esperança e apressou a morte do próprio filho.

Há ainda aqueles que vivem o próprio desespero, sem esperança. Jesus foi ao tanque de Betesda, na cidade de Jerusalém, onde havia cinco pavilhões com uma multidão de enfermos, cegos, coxos e paralíticos. Os enfermos se aglomeravam ali por nutrirem uma vaga esperança de cura. Segundo uma crença comum, um anjo descia do céu, em certo tempo, e agitava a água do tanque. O primeiro que conseguisse a façanha de pular na água era curado de qualquer doença. Naquele tanque de Betesda, cujo significado é Casa de Misericórdia, havia um paralítico deitado numa esteira havia 38 anos. Aquele homem era a maquete da desesperança. Seu corpo estava surrado pela doença. Suas emoções estavam turvas pelas circunstâncias adversas. Sua alma estava doente pela auto-estima aniquilada. Quando Jesus o viu, perguntou-lhe: "Queres ficar são?". Ele respondeu com uma evasiva. Ele não foi direto, não disse sim nem não. Em vez de responder à pergunta objetiva de Jesus, saiu pela tangente e acentuou sua dor emocional: "Senhor, não tenho ninguém...". O desprezo era uma doença mais avassaladora na vida daquele paralítico do que a paralisia. O abandono doía-lhe mais do que a incapacidade de andar. A falta de solidariedade naqueles longos anos era como farpas cravadas em seu peito que envenenavam sua alma. A mágoa havia aberto feridas cheias de pus em seu coração. No entanto, Jesus Se compadece desse homem fazendo-lhe uma pergunta maravilhosa: "Queres ficar são?" (Jo 5.6). Dando-lhe uma ordem maravilhosa: "Levanta-te, toma o teu leito e anda" (Jo 5.8). O resultado dessa pergunta e dessa ordem foi maravilhoso: "Imediatamente, o homem ficou são; e, tomando o seu leito, começou a andar" (Jo 5.9).

Mas, há ainda aqueles que esperam contra a esperança. Esses esperam quando parece loucura nutrir na alma qualquer expectativa. Esses compreendem que o Deus eterno se recusa a agir dentro das pressões de nossa agenda. Esses aceitam o fato de que Deus, muitas vezes, trabalha de forma artesanal e sem pressa para alcançar os melhores fins.

A vida de Abraão, o Deus de Abraão, o relacionamento de Deus com Abraão e a espera de Abraão são tônicos para nossa alma, remédio para nosso coração. Observaremos esse patriarca e aprenderemos sobre a esperança que não se desespera.

Só pode ter uma esperança que não se desespera quem crê no Deus dos impossíveis

Quero destacar quatro fatos importantes sobre Abraão:

Em primeiro lugar, *Abraão começou a ouvir a palavra de Deus com 75 anos de idade* (Gn 12.4). Aos 75 anos, pensamos mais em "dependurar as chuteiras", em nos aposentar, em entrar num pijama, comprar uma cadeira de balanço e encerrar a carreira. Abraão, aos 75 anos, começava seu caminhar com o Senhor, recebia o maior desafio de sua vida. Aos 75 anos, ele estava em pleno vigor, engendrava planos, fazia arrojadas caminhadas, aceitava grandes desafios de Deus. Não há hora, não há tempo, não há idade para Deus chamar e desafiar você; e também para começar um novo projeto em sua vida. Deus pode começar uma obra extraordinária com pessoas de cabelos brancos e com a face marcada pelas rugas que o tempo esculpiu. Moisés começou seu ministério aos 80 anos. Winston Churchill tornou-se primeiro-ministro da Inglaterra, no turbulento período da Segunda Guerra Mundial, aos 70 anos de idade. Foi sua liderança firme que livrou a Inglaterra da avassaladora invasão de Hitler.

Em segundo lugar, *Abraão é constituído pai de muitas nações sem ter um descendente* (Gn 12.2). Aos 75 anos, Deus prometeu a Abraão que ele seria pai de uma grande nação. Abrão significa grande pai, mas Abraão significa pai de uma grande nação. Ele tinha nome, mas ainda não tinha filhos. Ele tinha a promessa, mas não a realidade. Abraão enfrenta quatro problemas para esperar: sua idade avançada; a esterilidade de sua mulher (Gn 11.30); a demora de Deus, pois haviam passado onze anos desde que Deus fizera a promessa do filho, e a escolha precipitada aos 86 anos, quando por sugestão de Sara, sua mulher, ele arranja um bebê com a escrava Agar (Gn 16.1-4). Talvez sua angústia seja a mesma que assaltou o coração de Sara. Você espera há muito tempo o cumprimento de uma promessa. Você espera há anos a conversão de seu marido, de sua esposa, de seus filhos, de seus pais. Os anos correm, e nada! Aquele problema que aflige sua alma fica cada vez pior. O filho da promessa parece cada vez mais distante. Cada regra, cada menstruação de Sara era uma espera impaciente, até que ela entrou na menopausa, e Deus não cumpriu a promessa. Assim, Sara perdeu a paciência. Ismael, o filho de Abraão com Agar, foi gestação da impaciência de Sara, e não a procura de Abraão.

Em terceiro lugar, *Abraão tinha 100 anos de idade quando Isaque nasceu* (Gn 21.5). O apóstolo Paulo diz que Deus "chama as coisas que não são, como se já fossem" (Rm 4.17). O corpo de Abraão já estava amortecido. Já havia passado para Sara a idade própria de ser mãe. Se isso não bastasse, Sara ainda era estéril. O bom senso dizia: "Impossível!". A razão gritava: "Não pode ser!". Mas a fé diz: "Tudo é possível!". Abraão esperou 25 anos desde a promessa até Isaque nascer. Será que teríamos condições de esperar uma promessa de Deus tanto tempo? Será que não teríamos sepultado essa promessa no túmulo de nossa incredulidade e desesperança? Abraão acreditava que a promessa de Deus não podia falhar. Ele confiava no caráter de Deus. Sua fé estava plantada no solo firme da promessa, e sua esperança estava posta no Deus que não pode mentir. O apóstolo Paulo escreve sobre Abraão: "Não vacilou por incredulidade, antes foi fortalecido na fé, dando glória a Deus" (Rm 4.20,21).

Em quarto lugar, *Abraão é chamado a sacrificar Isaque quando este já tem 14 anos* (Gn 22.1-27). Ao todo, são 39 anos desde o dia da promessa até o dia em que Deus pede Isaque de volta a Abraão. Agora, Abraão, de posse da promessa, escuta Deus lhe falando: "Abraão, agora desista; dê-me seu filho; renuncie-o; entregue-o a mim em sacrifício". Havia uma paciência tão grande em Abraão que ele acreditava que a promessa de Deus não poderia ser frustrada, que Deus ressuscitaria seu filho. Ele acreditava que nem a morte podia colocar limites ao poder de Deus. Acreditava que, quando andamos com Deus, a morte não tem a última palavra.

Só pode ter esperança que não se desespera quem descansa na providência divina

Três fatos merecem destaque sobre Isaque:
Em primeiro lugar, *Isaque esperou vinte anos o nascimento dos filhos* (Gn 25.20-26). Isaque esperou vinte anos o nascimen-

to de seus filhos, e a Bíblia diz que Rebeca, sua mulher, era estéril, e ele orou por ela todos esses anos. Quantas noites ele orou por Rebeca! Quantas vezes ele colocou aquele problema diante de Deus! Quantas vezes Satanás colocou dúvidas em sua mente! Mas, por sua esperança, Deus ouviu suas orações e tornou sua mulher fértil, e ela concebeu e deu à luz dois filhos: Esaú e Jacó. Você tem paciência para orar pela cura de seu cônjuge e pela restauração de seu casamento? Você tem paciência para orar vinte anos por uma causa?

Em segundo lugar, *Isaque demonstrou paciência para resolver conflitos com os filisteus* (Gn 26.16-25). Os filisteus ficaram com inveja da prosperidade de Isaque, e, assim, todos os poços que ele cavava, os filisteus os enchiam de terra. Mais do que isso, alguns poços que Isaque cavava, os filisteus vinham, e contendiam, e tomavam esses poços. Isaque, em vez de brigar pelos seus direitos, seguia em frente e cavava novos poços. Onde ele colocava a mão, Deus abençoava. Em vez de gastar suas energias brigando, Isaque investia seu tempo trabalhando e abrindo novas clareiras para o futuro. Porque teve paciência, Deus o fez prosperar e reconciliou com ele seus inimigos.

Em terceiro lugar, *Isaque esperou vinte anos para que Jacó voltasse para casa* (Gn 31.41). Isaque morreu com 180 anos (Gn 35.28,29). Jacó, para salvar sua vida, saíra de casa e voltou vinte anos mais tarde. Seu pai teve paciência para esperar vinte anos por sua volta. Isaque esperou vinte anos a reconciliação de Esaú e Jacó. Há quanto tempo você espera seu filho ou sua filha voltar para casa? Há quanto tempo você espera a conversão de seus filhos? Há quanto tempo você espera a paz em seu lar? Há quanto tempo você espera a reconciliação com aquela pessoa que está brigada com você?

Só pode ter esperança que não se desespera

quem crê no Deus das grandes transformações

Destaco quatro fatos importantes sobre Jacó:

Em primeiro lugar, *Jacó casou-se aos 73 anos*. Jacó morreu aos 147 anos (Gn 47.28). Ele foi para o Egito com 130 anos (Gn 47.9). Quando Jacó foi para o Egito, José tinha 37 anos (Gn 41.46,47). Portanto, quando José nasceu, Jacó tinha 93 anos. Jacó ficou vinte anos em Padã-Arã, na casa de Labão (Gn 31.38), quatorze deles servindo, a seu sogro para casar-se com Raquel. Logo, Jacó casou-se com 73 anos. Que alento! Isso equivale a alguém que vive 70 anos e fica solteiro 35 anos. Muita gente já teria perdido a paciência!

Em segundo lugar, *Jacó namorou um mês e ficou noivo sete anos* (Gn 29.14-18). Jacó nos ensina que devemos ter paciência na maneira de amar. Jacó nos ensina que o amor é um investimento de vida. Ou seja, quando você ama uma pessoa, esse amor merece um investimento de sua vida. A primeira marca do amor é a paciência (1Co 13.4).

Em terceiro lugar, *Jacó esperou vinte anos a reconciliação com seu irmão* (Gn 33.4). Ele esperou vinte anos até que a ira de Esaú se abrandasse. Vinte anos em que seu relacionamento com Esaú ficou estremecido. Vinte anos de silêncio entre ele e seu único irmão. Vinte anos de afastamento total. Mas, depois de vinte anos, em vez de contenda e vingança, houve abraço, beijo e lágrimas de reconciliação. Talvez você espere por uma reconciliação. Há quanto tempo você espera? Uma coisa Jacó fez: ele se humilhou. Ele caminhou na direção de seu irmão. Ele buscou reconciliação. Ele não desistiu de curar aquela ferida e, por isso, morreu em paz.

Em quarto lugar, *Jacó ficou vinte anos sem saber o paradeiro de seu filho José* (Gn 37.35; 45.25-28). José, o filho amado de Jacó, ficou vinte anos desaparecido. Seus irmãos o venderam para o Egito e inventaram uma mentira para Jacó. Para Jacó, era como se José estivesse morto. Mas, no tempo de Deus, e segundo o Seu soberano propósito, José reviveu e renasceu diante dos olhos de Jacó. Deus levou José ao Egito e depois o pôs no trono. Há quanto tempo você espera que o seu filho, ou sua filha, renasça diante de seus olhos? Há quanto tempo você espera que suas lágrimas sejam convertidas em júbilo? Há quanto tempo você espera que seu vale árido seja transformado num manancial?

Há um ditado popular que diz que "a esperança é a última que morre". Para muitos, a esperança já morreu. Mas, se você crê no Deus de Abraão, de Isaque e de Jacó, então pode ter esperança do tipo que não se desespera, pois Deus é aquele que vivifica os mortos, chama à existência as coisas que não existem e faz a mulher estéril ser alegre mãe de filhos; Ele pode fazer o impossível. Deus jamais falha, quanto a Si mesmo e quanto a Suas promessas! Ele pode restaurar sua sorte. Ele pode salvar aquele a quem você ama. Ele pode ressuscitar os seus sonhos e trazer à existência as coisas que não existem.

> Só pode ter esperança que não se desespera quem crê que Deus está no controle de todas as coisas

Destaco quatro pontos importantes sobre José:

Em primeiro lugar, *ele era governado por princípios, e não pelas circunstâncias*. José foi fiel a seu pai, a seu patrão Potifar e a Deus, mesmo quando as circunstâncias pareciam conspirar contra sua fé. Alimentado por seus sonhos, estribado em seu caráter sem mácula e firmado numa fé inabalável de que Deus estava no controle de todas as coisas, jamais deixou seu coração turbar-se diante das adversidades. José jamais transigiu com os valores absolutos por que as circunstâncias lhe eram desfavoráveis. Ele jamais abandonou suas convicções, ou seu compromisso, por que sofria injustiças. Ele manteve-se firme, apesar das circunstâncias.

Em segundo lugar, *ele tinha plena consciência de que por trás de toda providência carrancuda esconde-se uma face sorridente.* Foi o poeta inglês William Cowper que, numa música imortal, disse que por trás de toda providência carrancuda esconde-se uma face sorridente. José, quando se revelou a seus irmãos no Egito, disse-lhes:

> "... eu sou José, vosso irmão, a quem vendestes para o Egito [...]. Agora, pois, não vos entristeçais, nem vos aborreçais por me haverdes vendido para cá; porque para preservar a vida é que Deus me enviou adiante de vós [...]. Deus enviou-me adiante de vós, para conservar-vos descendência na terra, e para guardar-vos em vida por um grande livramento. Assim não fostes vós que me enviastes para cá, senão Deus, que me tem posto por pai de Faraó, e por senhor de toda a sua casa, e como governador sobre toda a terra do Egito" (Gn 45.4-8).

Depois que Jacó morreu no Egito, seus filhos temeram José, pensando que ele se vingaria deles. Mas, novamente, José revela a eles sua firme confiança na providência divina, dizendo-lhes: "Vós, na verdade, intentastes o mal contra mim; Deus, porém, o intentou para o bem, para fazer o que se vê neste dia, isto é, conservar muita gente com vida" (Gn 50.20). José entende com clareza que os céus governam a Terra. Ele sabe que as mesmas mãos que governam o céu e a Terra dirigem sua vida. Ele crê na soberania de Deus e descansa em sua providência.

Em terceiro lugar, *ele tinha disposição de perdoar mesmo quando tinha oportunidade para retaliar.* José sofreu injustiça nas mãos de seus irmãos e nas mãos de Potifar. Ele foi vendido como escravo por aqueles e lançado na prisão por este. Agora, elevado ao poder, não se vinga dos irmãos nem de Potifar. José entrega sua causa a Deus por compreender que até mesmo os atos maus desferidos contra ele faziam parte de um plano maior, traçado pelo Eterno, para seu bem e a salvação de outros. A vingança pertence a Deus (Rm 12.19). Aqueles que tomam em suas mãos a vingança se insurgem contra Deus, usurpam Sua posição e atormentam a si mesmos com muitos flagelos. O perdão é o único caminho para uma vida saudável. Quem não perdoa não tem paz. Quem não perdoa não pode orar nem adorar. Quem não perdoa não pode ser perdoado. Quem não perdoa adoece física, emocional e espiritualmente. José não só perdoou seus irmãos, mas ergueu um monumento vivo ao perdão ao dar o nome de Manassés a seu primogênito, cujo significado é esquecimento das aflições, perdão. José não só perdoou a dívida de seus irmãos, mas fez novos investimentos na vida deles, colocando-os na melhor terra do Egito. José não só suspendeu a possibilidade de retaliação, mas canalizou para eles uma bênção abundante e superlativa.

Em quarto lugar, *ele soube aguardar o tempo de Deus para ver seus sonhos realizados*. José esperou treze anos até que seus sonhos se tornassem realidade. Esses sonhos não o conduziram por caminhos fáceis, mas por veredas crivadas de espinhos. Ele não foi aplaudido ao compartilhar seus sonhos, mas odiado e perseguido. Seus sonhos não o levaram ao pódio, mas à cisterna. Seus sonhos não o fizeram um vencedor, mas um escravo. Seus sonhos não o levaram de imediato ao trono, mas à prisão. José, porém, soube esperar pacientemente o tempo de Deus. Ele sabia que aqueles sonhos não eram fruto de sua adolescência irrequieta, mas da intervenção de Deus em sua vida. Ele sabia que seus sonhos não foram gerados no útero de sua megalomania, mas no coração do Deus todo-poderoso. Ele compreendia que Deus era o Senhor de seus sonhos, por isso aguardou com paciência o cumprimento da promessa. Depois do choro, vem a alegria. Depois das lágrimas, vem o consolo. Depois do deserto, vem a terra prometida. Depois da humilhação, vem a exaltação. Depois da cruz, vem a coroa. Depois da prisão, vem o trono. José confiou em Deus, e seus sonhos foram realizados. Não eram seus irmãos nem mesmo Potifar os protagonistas na vida desse jovem sonhador, mas o Deus eterno. O sofrimento não foi um acidente, mas uma agenda de Deus na vida de José. Deus trabalhou nele antes de trabalhar por meio dele. Vida precede ministério. A vida é o alicerce do ministério, e Deus é o arquiteto da vida.

2

OLHE PARA O CÉU E CONTE AS ESTRELAS
(Gn 15.1-6)

Deus falou e ainda fala; fala de forma tão eloqüente que é impossível deixar de ouvir Sua voz. Deus falou no passado e ainda fala no presente. Os liberais dizem que Deus não fala mais; os místicos dizem que Deus fala, mas fala diretamente, sem a instrumentalidade de Sua Palavra. Cremos, entretanto, que Deus fala, mas fala por meio da Sua Palavra. A Palavra de Deus é a voz de Deus. Essa palavra é viva, poderosa e eficaz. Gênesis 15 diz que, "depois destas coisas", Deus apareceu a Abraão e falou com ele. A pergunta que precisamos fazer é: depois de que acontecimentos? O texto não responde. Então, precisamos ver a resposta nos capítulos anteriores. Observando o contexto, verificamos que aconteceram coisas boas e ruins.

Em primeiro lugar, *vejamos as coisas ruins*:
- Fome e fuga para o Egito (Gn 12.10)

- Mentira no Egito por causa de Sara (Gn 10.13)
- Briga dos seus servos com os servos de Ló (Gn 13.7)
- Separação de Ló (Gn 13.9)
- Guerra com os quatro reis (Gn 14.12-17).

Em segundo lugar, *vejamos as coisas boas*:
- Promessa de uma terra (Gn 13.9)
- A bênção de Melquisedeque quando Abraão paga a este o dízimo (Gn 14.18-24).

Deus também fala com você no meio dos acontecimentos normais da sua vida. Não é preciso um clima celestial ou místico para Deus romper o silêncio e falar. Deus nos fala pelos caminhos de Sua providência. Precisamos ter olhos para ver, ouvidos para ouvir e coração para perceber. Talvez, antes de começar a ler este livro, você tenha enfrentado circunstâncias difíceis, ouvido insultos, sofrido prejuízos financeiros, sentido a dor da solidão, se decepcionado com um amigo, se frustado com o cônjuge e até esteja passando pelo vale escuro da depressão. Talvez você tenha acabado de chegar ao médico, e ele, ao observar seus exames, lhe tenha dado más notícias sobre sua saúde. Talvez, você tenha perdido o emprego, e o mundo tenha desabado sobre a sua cabeça. Talvez você tenha visto com tristeza seu casamento acabar depois de muitas lágrimas. Mas é no meio desses acontecimentos que as coisas podem mudar. É no centro da tempestade que Jesus pode aparecer a você de forma inusitada. É no fragor da crise que a porta da esperança pode se abrir para você. É dentro da fornalha acesa que o *Quarto Homem* pode aparecer para livrá-lo de suas amarras. Comece a olhar para a frente. Aprenda a caminhar na vida. Não fique agarrado ao passado. Depois desses acontecimentos, Deus pode falar com você. Depois da noite, vem a luz do dia. Olhe para a frente. Tem coisa nova pela frente. Aprenda a virar a página. Depois do desemprego, da crise financeira, do problema no casamento, da reprovação no vestibular, da porta fechada do emprego, você pode se encolher na caverna e ficar deprimido, ou pode ouvir a voz de Deus. Há pessoas que depois desses acontecimentos ficam amargas, revoltam-se contra Deus e fogem da igreja. Há aqueles que fazem como Pedro, e voltam a pescar. Todavia, é depois desses acontecimentos que as coisas mais sublimes podem começar a acontecer.

No meio desses acontecimentos, Deus fala com você (Gn 15.1)

Depois desses acontecimentos, Deus pode falar com você! Depois desses acontecimentos, Deus Se manifesta. Primeiro Ele deixa a situação se agravar, mas depois Ele fala. Depois desses acontecimentos, Deus Se manifesta. Você que confia em Deus também passa por problemas: bate o carro, enfrenta fila no banco, recebe crítica dos colegas, perde o emprego, fica doente e até briga com a esposa.

Depois desses acontecimentos, Deus tem uma palavra específica. Deus falou com Abraão, e não com Ló ou com Sara. Deus tem uma palavra para você. Essa é uma palavra específica. Deus se revela a quem dá ouvidos a essa palavra.

Essa palavra específica de Deus a Abraão revelou três coisas:

Em primeiro lugar, *revelou o cuidado de Deus*. O Senhor disse a Abraão: "Não temas". Ele diz a você: "Não tenha medo". Podemos erguer nossa voz e cantar o hino imortal: "Não desanimes, Deus proverá. Deus cuidará de ti". Você não tem de temer, pois seu cuidado é descansar em Deus. Há mais de 365 "não temas" na Bíblia. Para cada dia, Deus tem uma palavra para você. Lance fora o medo (1Jo 4.18). A Bíblia diz que a presença do amor lança fora todo o medo. Tem muita gente atormentada na igreja: Oh, vida! Oh, azar! Oh, dia! Oh, segunda-feira! Oh, meu Deus! Espere com paciência no Senhor. Pare de murmurar. Pare de reclamar. Olhe para a vida na perspectiva de Deus. Muitos indivíduos se autoflagelam com perguntas recheadas de dúvidas e prenhes de incredulidade: Será que conseguirei? Será que me casarei? Será que passarei no concurso? Será que serei classificado no vestibular? Largue a dúvida. Confie. Creia! Deus cuida de você melhor do que cuida das aves e do lírio do campo.

Em segundo lugar, *a proteção de Deus*. Deus é o seu escudo. Sua vida está escondida com Cristo em Deus. Você está assentado com Cristo nas regiões celestes. Aqueles que são de Deus, Ele os guarda, e o Maligno não os toca. Você é a herança de Deus, a menina-dos-olhos de Deus. Você está seguro nas mãos de Jesus, e de Suas mãos ninguém pode arrancá-lo. Nada neste mundo nem no vindouro pode separar você do amor de Deus que está em Cristo Jesus. Na mente e nos decretos de Deus, você já está no céu (Rm 8.30). Não importa se aqui o caminho é estreito e juncado de espinhos, o Deus a Quem você serve o toma pela mão direita, o guia com seu conselho eterno e depois o recebe na glória.

A maior preocupação do povo brasileiro é com a segurança. Vivemos acuados pelos criminosos. Os cidadãos de bem vivem trancados como prisioneiros dentro de casas amuralhadas, ou dentro de apartamentos cheios de trancas e alarmes. Muitos perguntam: Será que dá para andar seguro nesses dias em que todos os governantes prometem mais segurança e o índice de criminalidade cresce ainda mais? O crente tem de andar confiando na promessa de Deus: "Não prosperará nenhuma arma forjada contra ti" (Is 54.17). Deus é seu escudo. Ele cerca você por trás e por diante. Sua vida está nas mãos do Deus vivo. Porque você é a menina-dos-olhos de Deus, quem tocar em você mexe com Deus e arranja uma grande encrenca. Deus é o seu Pai. Ai de quem tentar mexer na sua vida. Ai de quem tentar pôr a mão em você. Deus é seu escudo. Isso não significa que você não terá problemas ou adversidades na vida, mas significa que Deus será glorificado em você, quer na vida, quer na morte (Fp 1.20). Algumas vezes, Ele o livrará da morte, até o dia em que Deus o livrará através da morte.

Em terceiro lugar, *nós servimos ao Deus da vitória*. Deus disse a Abraão: "O teu galardão será sobremodo grande". Deus tem uma bênção grande, uma batalha grande e uma vitória grande. Aqueles que esperam com paciência recebem a bênção do Senhor. Deus galardoa, e esse galardão é muito grande. Saiba que nenhum olho viu nem ouvido ouviu o que Deus preparou para você. Deus é o seu Pai. Jesus é o seu irmão mais velho, seu amigo, seu Senhor e Rei. O Espírito Santo é o seu consolador. Sua pátria é o céu. Você é filho do Rei dos reis, co-herdeiro com Cristo. Você tem uma herança muito linda. Ela é imarcescível e gloriosa. Sua vida não caminha para o ocaso. Você não está descendo uma ladeira. Você caminha para um fim glorioso, para o amanhecer da ressurreição, para a posse da herança. Você foi destinado para a glória. Sua pátria está no céu. Seu lar é a Casa do Pai. Sua cidade é a Jerusalém celeste.

A limitação humana (Gn 15.2,3)

Em vez de Abraão ouvir a voz de Deus e deleitar-se em Suas promessas, ele apresentou alguns obstáculos. Destacamos aqui alguns pontos:

Em primeiro lugar, *Abraão põe barreiras*. Deus promete, mas ele não crê. Ele é incrédulo. Ele diz a Deus que não tinha filhos, e o seu herdeiro era Eliezer. Abraão ergueu as muralhas da incredulidade e pôs barreiras à promessa. Não somos diferentes de Abraão. Deus nos promete vitória, mas nós nos assentamos num cantinho, amargurados, dizendo: "Está vendo aí, Deus, eu estou sozinho. Não tenho filhos. Para que essa herança toda?" Você se encolhe e revela limitação. A Bíblia diz que Jesus deixou de fazer maravilhas em Nazaré por causa da incredulidade do povo. A incredulidade nos priva de bênçãos especiais. O paralítico do tanque de Betesda ao ser perguntado por Jesus: "Queres ficar são?", respondeu: "Senhor, não tenho ninguém que [...] me ponha no tanque". Com uma ponta de amargura, ele disse a Jesus: Sempre alguém chega na minha frente. Ninguém me ama, ninguém liga para mim.

Talvez esta seja sua queixa: ninguém se importa comigo, ninguém me ama nesta igreja. Isso revela as barreiras que você coloca às promessas de Deus. Você também continua dizendo a Deus como Abraão: "Eu não tenho filho. Não tenho sonho. Não tenho projeto. Eu quero, mas eu não tenho". É tempo de vencer sua limitação. Enfrente seus medos interiores. Ouse crer na Palavra de Deus. Não olhe as circunstâncias. Não tente justificar seus fracassos. Não ensarilhe as armas. Não jogue a toalha. Não desista de esperar um milagre. Quantas limitações você já colocou diante de Deus, dizendo: "Não conseguirei vencer. Não conseguirei ver minha família aqui na igreja. Queria tanto, mas falta dinheiro, falta gente, falta apoio". Será que você não percebe que agindo assim, levanta barreiras e limita o poder de Deus?

Em segundo lugar, revelou *como Deus trata esse problema da limitação*. Quatro fatos nos chamam a atenção.

Primeiro, Deus remove as limitações (Gn 15.4). Deus fala objetivamente. Ele é poderoso para responder claramente às suas mais profundas indagações.

Segundo, Deus conduz você para fora (Gn 15.5). Abraão estava dentro de uma tenda. Ele estava cercado por paredes de lona. Ele olhava para o chão e via apenas um tapete surrado.

A visão dele estava limitada por aquelas circunstâncias. Você também olha e só vê problema. Então, Deus toma você pela mão e o retira da sua tenda.

Terceiro, Deus lhe ordena levantar a cabeça. Abraão saiu da tenda e não ficou olhando para baixo. Ele olhou para o céu. Abra os olhos também. Erga sua cabeça. Você verá que seu problema não é tão grande como você pensava. Seu Deus é maior do que seu problema. Você começará a ter uma visão mais clara da vida.

Quarto, Deus manda Abraão erguer a cabeça e começar a contar as estrelas (15.5). Os astrônomos dizem que há tantas estrelas no firmamento quantos os grãos de areia nas praias do mar. Abraão começou a contar as estrelas do céu, mas percebeu que era impossível contá-las todas. Você, também, nunca conseguirá contar o que Deus fará em sua vida. Deus tem muito mais do que você pode contar. Deus pode fazer muito mais do que sua capacidade de receber. Assim como você não consegue contar as estrelas, de igual forma não poderá contar as muitas bênçãos provindas do Eterno. Saia de sua tenda. Comece a contar as estrelas. Assim será a sua descendência. Deus fará você multiplicar. Deus lhe dará vitórias maiores do que sua capacidade de contabilizar. Abraão estava acostumado a viver dentro de uma barraca, mas Deus o tirou dela para falar-lhe ao coração. Saia também de sua barraca. Levante sua cabeça. Comece a contar as estrelas. Creia na vitória de Deus. Creia na possibilidade de Deus fazer coisas grandes. Creia na possibilidade de sua igreja crescer. Creia na salvação de sua casa. Creia na bem-aventurança de seus filhos. Volte a contar as estrelas. Ore por algo grande. Ore por um milagre. Conte suas estrelas. Deus disse a Abraão: "Vai ver se você pode contar estrelas, meu filho". Você passará sua vida contando o que Deus fará em sua vida. Saia da sua tenda e comece a contar as estrelas. Abraão venceu seus limites e creu em Deus

Abraão creu em Deus, e isso lhe foi imputado para justiça (Gn 15.6)

Destaco duas verdades importantes:

Em primeiro lugar, *Abraão creu em Deus*. Ele já era muito velho e não podia mais ser pai. Sara já era idosa e estéril. Mas para Deus não há impossíveis. Ele chama à existência as coisas que não existem. Abraão esperou contra a esperança. Ele creu no impossível. Abraão venceu seus limites. Ele saiu da tenda. Ele saiu da incredulidade. Ele transportou seu monte. Ele viu o invisível. Nada é impossível ao que crê. O segredo da vitória de Abraão é que ele creu em Deus incondicionalmente.

Marta, angustiada pela morte do seu irmão Lázaro e pela ausência de Jesus na aldeia de Betânia, disse a Ele diante do túmulo do irmão: "Senhor, já cheira mal". Agora não tem mais jeito. Mas Jesus lhe respondeu: "Se creres, verás a glória de Deus".

Abraão já estava com 99 anos, e ainda o filho da promessa não tinha nascido. Seu corpo estava amortecido, mas a promessa de Deus estava viva. Aos 100 anos, Abraão tornou-se pai de Isaque e, por meio dele, pai de uma grande nação. O damasceno Eliezer não foi seu herdeiro, mas alguém gerado dele mesmo.

Deixe de olhar para seus problemas. Comece a olhar para Deus. Ele é maior do que seus problemas. Você verá o deserto se transformar num manancial. Ele transformará sua dor em fonte de consolo. Saia de sua tenda. Depois desses acontecimentos, Deus falará com você. Levantará sua cabeça e fará você contar as estrelas. Ele tem uma palavra de vitória para você!

Depois desses acontecimentos, Deus começou a escrever uma nova história na vida de Abraão. Talvez, até este momento, você tenha sido um colecionador de derrotas. Você só vê problemas. Você olha para a vida e só enxerga as paredes da tenda. Saia dessa cabana. Saia desse buraco existencial. Levante a cabeça. Comece a contar as estrelas.

Em segundo lugar, *a fé lhe foi imputada para justiça*. Abraão foi justificado por Deus por meio de sua fé. Abraão, o pai de todos os que crêem, foi salvo do mesmo jeito que nós o somos, quatro mil anos depois. Ele creu, e foi salvo. Você, quando deposita sua confiança na Pessoa e na obra de Cristo, também é salvo. Por causa dos méritos de Cristo, Deus perdoa seus pecados, cancela sua dívida e deposita em sua conta a infinita e perfeita justiça de Cristo (2Co 5.21). Então, você será verdadeiramente vencedor na Terra e aceito no céu.

Deus é poderoso para quebrar seus limites. Ouça a Palavra de Deus, e as promessas dEle se cumprirão em sua vida. Seu corpo será fortalecido. Sua cabeça se levantará. Você não mais olhará para os problemas, mas para o céu. Talvez você esteja amargurado, pensando: "Eu não tenho filhos. As coisas não acontecem em minha vida. Meu marido não consegue ir para a frente. Minha mulher não me entende. Meus filhos só me dão dor de cabeça". Se você está assim, saia de sua tenda e comece a contar as estrelas. Talvez você, ainda, esteja desanimado, triste, decepcionado, frustrado com a igreja, com o ministério, com o trabalho, com a família, com você mesmo. Erga sua cabeça e conte as estrelas. O Criador das estrelas é o seu Deus. Ele está assentado sobre um alto e sublime trono. Ele está na sala de comando do Universo. Ele é poderoso para transformar seu vale num manancial, e seu sofrimento, em fonte de consolo. Talvez você esteja pensando em largar tudo, parar de estudar, abandonar sua profissão, desistir de seu casamento, sair da igreja. Então, saia de sua tenda. Conte as estrelas. Um tempo novo raiará na sua vida.

Depois destes acontecimentos: mentira, fome, brigas, divisões na família, decepção, traição, frustração, um novo horizonte pode estar surgindo em sua vida. O projeto de Deus é maior do que o seu. Levante a cabeça e dê um passo de fé para vencer suas dificuldades. Saia de sua tenda e conte as estrelas. Não olhe para trás; olhe para cima. Seu socorro vem do Senhor que fez o céu e a Terra. Creia que ele o conduzirá em triunfo. Você dará à luz muitos filhos espirituais. Você será pai de uma grande descendência. Um tempo novo está surgindo em sua vida. A vitória é sua pela fé, em nome de Jesus! As bênçãos serão maiores do que sua capacidade de contar! Comece a contar as estrelas!

3

Como passar pelas provas vitoriosamente

(Gn 22.1-19)

Um relógio de uma famosa catedral trazia a seguinte inscrição: "Quando você é criança, o tempo se arrasta. Quando você é jovem, o tempo anda. Quando você é adulto, o tempo corre. Quando você é velho, o tempo voa. Só mais um pouco, e o tempo terá ido embora".

Aos 75 anos de idade, Abraão matriculou-se na escola da fé. Agora, aos 100 anos, ainda enfrenta tremendas provas e desafios na vida. Você nunca é velho demais para enfrentar novos desafios, travar novas batalhas e aprender novas verdades. Quando paramos de aprender, paramos de crescer; e, quando paramos de crescer, paramos de viver.

Arthur Schopenhauer disse que a vida, nos primeiros quarenta anos, dá-nos o texto e, nos próximos trinta anos, o comentário do texto. Para o crente, o texto é Romanos 1.17:

"O justo viverá da fé". O comentário do texto é escrito à medida que ouvimos a Palavra de Deus e obedecemos à sua direção dia a dia. É triste que muitas pessoas, por não entenderem nem o texto nem o comentário, terminam a vida sem mesmo começar a viver.

Gênesis 22 nos mostra a maior de todas as provas que Abraão enfrentou. Pela fé, ele triunfou e pode nos ensinar a passar pelas provas vitoriosamente. Vejamos algumas instruções práticas:

Espere testes da parte de Deus (Gn 22.1,2)

Na escola da fé, teremos testes ocasionais, ou jamais saberemos onde estamos na caminhada espiritual. Abraão enfrentou vários testes na caminhada com Deus:

Em primeiro lugar, *o teste da família*, quando Deus lhe ordenou a sair do meio de sua parentela para uma terra desconhecida (11.27–12.5).

Em segundo lugar, *o teste da fome*, quando ele fracassou, porque duvidou de Deus e desceu ao Egito para buscar ajuda (12.10–13.4).

Em terceiro lugar, *o teste da comunhão*, quando ele precisou apartar-se de seu sobrinho Ló e deu a este a oportunidade de fazer a escolha primeiro, abrindo mão de sua preeminência e preferência (13.5-18).

Em quarto lugar, *o teste da luta*, quando ele derrotou os reis confederados que seqüestraram Ló (14.1-16).

Em quinto lugar, *o teste da riqueza*, quando ele disse *não* às riquezas de Sodoma (14.17-24).

Em sexto lugar, *o teste da paciência*, quando ele fracassou em ceder às pressões de Sara, arranjando um filho com a escrava Agar (16.1-16).

Em sétimo lugar, *o teste do maior amor.* Esse teste foi o maior que Abraão enfrentou na jornada da vida (Gn 22.1-19).

Nem toda situação difícil que vivemos é um teste de Deus. Às vezes, sofremos por causa de nosso próprio pecado. Abraão sofreu no Egito e em Gerar por seu próprio pecado. Mas as provas enviadas por Deus são para o nosso bem (Tg 1.2-4).

Precisamos distinguir entre provação e tentação. As tentações vêm dos desejos pecaminosos que estão dentro de nós (Tg 1.12-16), enquanto as provações vêm do Senhor. As tentações são usadas pelo diabo para arrancar o pior que está em nós; as provações são usadas por Deus para levar-nos ao melhor. Muitas vezes, as tentações parecem lógicas, e as provações, sem sentido: Por que Abraão esperaria 25 anos por um filho? Por que Deus daria um filho a Abraão para depois pedir-lhe a que o sacrificasse num altar?

João Crisóstomo disse que, nesse caso, parece que as coisas de Deus lutavam contra as coisas de Deus; a fé, contra a fé; e o mandamento, contra a promessa.

Ponha seus olhos nas promessas, e não nas explicações (Gn 22.3-5)

Madame Guyon disse que nossa fé não será realmente testada até que Deus nos peça que suportemos o que parece insuportável, façamos o que parece exagerado e esperemos o que parece impossível. Se você olhar para Abraão caminhando para Moriá com seu filho Isaque; para José na prisão, para Moisés e Israel diante do mar Vermelho; para Davi na caverna de Adulão; ou para Jesus no Calvário, a lição é a mesma: vivemos pelas promessas, e não pelas explicações.

Considere quão desarrazoado era o pedido de Deus: 1) Isaque era o filho único de Abraão, o filho da promessa em quem descansava o futuro do pacto; 2) Abraão amava Isaque e tinha construído todo o seu futuro ao redor dele; 3) quando Deus pediu Isaque a Abraão, Ele estava testando não apenas sua fé, mas também sua esperança e seu amor. Deus parecia tirar tudo o que Abraão amava na vida.

Quando Deus nos envia uma prova, nossa primeira reação é perguntar: DEUS, POR QUÊ? POR QUE COMIGO? Queremos explicações. Deus tem razões, já expostas em Sua Palavra: 1) Purificar nossa fé (1Pe 16-9); 2) aperfeiçoar nosso caráter (Tg 1.2-4); 3) proteger-nos do pecado (2Co 12.7-10).

Abraão ouviu a palavra de Deus e, imediatamente, a obedeceu a ela pela fé. Nós sabemos que a vontade de Deus jamais contradiz Sua promessa. Abraão já tinha escutado: "Porque em Isaque será chamada a tua descendência" (Gn 21.12). Hebreus 11.17-19 nos informa que Abraão se dispôs a sacrificar seu filho na certeza de que Deus o ressuscitaria dentre os mortos. A fé não exige explicações; a fé descansa nas promessas.

As características da fé adulta de Abraão

Abraão é o pai da fé. Ele teve uma fé robusta e adulta. Vejamos suas características:

Em primeiro lugar, *sua fé responde ao chamado de Deus* (22.1). Deus o chamou desde o céu: "Abraão!". Ele respondeu imediatamente: "Eis-me aqui!". Abraão bateu continência para Deus antes de saber para que Deus o chamava.

Em segundo lugar, *sua fé se dispõe a obedecer a Deus prontamente, sem questionamentos* (22.2). A fé de Abraão triunfou porque ele se recusou a ver incoerência ou infidelidade da parte de Deus. O Senhor não queria Isaque; queria o amor de Abraão.

Em terceiro lugar, *sua fé revela-se pela ação e pela direção* (22.2,3). A fé de Abraão não é especulativa, do tipo que quer saber onde, por que, para quê. Ele age e caminha na direção dada por Deus.

Em quarto lugar, *sua fé é uma fé que não adia a ação* (22.3). Quando se sabe o que Deus quer, não há razão para divagações, testes, perguntas, para ficar parado. A procrastinação é um convite à ruína. Protelar aquilo que sabemos a vontade de Deus é um laço perigoso.

Em quinto lugar, *sua fé é capaz de transformar as provas em adoração* (22.5). Abraão disse a seus dois servos: "Eu e o mancebo iremos até lá; depois de adorarmos, voltaremos a vós" (Gn 22.5). Porque Abraão cria em Deus, ele não tinha a intenção de trazer de volta um cadáver. Abraão fez da prova um ato de adoração. Ele esperava nada menos do que um milagre, o milagre da ressurreição. Ele sabia que Deus é totalmente confiável.

Em sexto lugar, *sua fé vê a ressurreição de todas as promessas de Deus* (Gn 22.5). Abraão disse a seus servos, antes de subir o monte Moriá para sacrificar o seu filho: "Voltaremos". Em Hebreus 11.19, lemos que Abraão cria que Deus ressuscitaria Isaque, o filho da promessa. Deus nos prova não para nos derrubar, mas para nos fortalecer.

Abraão já tinha aprendido a crer em Deus e obedecer ao Senhor mesmo *quando ele não sabia onde* (Hb 11.8); *não sabia quando* (Hb 11.9-10,13-16), *não sabia como* (Hb 11.11-12), *e não sabia por que* (Hb 11.17-19).

Dependa totalmente da provisão de Deus (Gn 22.6-14)

Duas expressões revelam a ênfase desta passagem: "Deus

proverá para si o cordeiro para o holocausto, meu filho" (Gn 22.8) e: "No monte do Senhor se proverá" (Gn 22.14). À medida que subia o monte Moriá, Abraão estava seguro de que Deus proveria à sua necessidade. Quatro fatos merecem destaque:

Em primeiro lugar, *Abraão não podia depender de seus sentimentos*. A Bíblia não nos informa em nenhum momento o sofrimento de Abraão; apenas nos diz de sua prontidão para obedecer sem discutir e da confiança na provisão divina.

Em segundo lugar, *Abraão não podia depender das pessoas*. Sara ficara em casa. Os dois servos estavam agora aguardando no campo. Somente Abraão e Isaque caminham rumo a Moriá. Agradecemos a Deus os amigos e a família, mas haverá provas que teremos de enfrentar sozinhos, no monte do Senhor. Somente nessas horas, podemos experimentar o que Deus pode fazer por nós!

Em terceiro lugar, *Abraão aprendeu a depender totalmente da promessa e da provisão de Deus*. Ele já tinha experimentado o poder da ressurreição de Deus em seu corpo (Rm 4.19-21). Por isso, ele já sabia que Deus era poderoso para levantar Isaque da morte (Hb 11.19). Não havia ainda registro de ressurreição na História, mas Abraão cria no impossível, via o invisível e tomava posse do intangível. Quando estivermos no monte Moriá, nas provas mais profundas, precisamos saber que para Deus não há impossíveis, e que podemos todas as coisas nAquele que nos fortalece.

Em quarto lugar, *Deus proveu o Cordeiro, e este tomou o lugar de Isaque* (Gn 22.13). Assim Abraão descobriu um novo nome para Deus: JEOVÁ-JIRÉ. Esse nome de Deus nos ajuda a entender algumas verdades sobre a provisão do Senhor:

Primeiro, *onde o Senhor provê às nossas necessidades?* Deus provê às nossas necessidades no lugar em que Ele determinar. Abraão estava no lugar em que Deus mandou que estivesse. Do jeito que Deus mandou. Na hora que Deus mandou. Por isso,

Deus proveu para ele. A estrada da obediência é a porta aberta da provisão. Não temos o direito de esperar a provisão de Deus se não estivermos no centro da vontade de Deus.

Segundo, *quando o Senhor provê às nossas necessidades?* Exatamente quando nós temos a necessidade, e não um minuto antes. Do ponto de vista humano, isso pode parecer muito tarde, mas Deus nunca chega atrasado. O relógio de Deus não se atrasa.

Terceiro, *como o Senhor provê às nossas necessidades?* Por caminhos naturais e também sobrenaturais. Deus não enviou um anjo com um sacrifício, mas mostrou um cordeiro preso pelos chifres. Abraão só precisava de um cordeiro, por isso Deus não lhe mostrou um rebanho. Mas, ao mesmo tempo, Abraão ouviu a voz de Deus. O natural se mistura com o sobrenatural.

Quarto, *a quem Deus dá sua provisão?* A todos os que confiam nEle e obedecem a Suas instruções. Quando você está onde Deus o mandou estar, fazendo o que Deus o mandou fazer, então pode esperar a provisão de Deus em sua vida. Quando a obra de Deus é feita do jeito que Deus manda, nunca falta a Sua provisão. O Senhor não tem obrigação de abençoar minhas idéias e meus projetos. Mas Deus é fiel para cumprir Suas promessas.

Quinto, *por que Deus provê às nossas necessidades?* Para a glória de Seu próprio nome. Deus foi glorificado no monte Moriá porque Abraão e Isaque fizeram a vontade de Deus. Esse episódio é uma antecipação da expressão mais profunda do amor de Deus por nós: a entrega de seu Filho unigênito para morrer em nosso lugar. Deus poupou Isaque, mas não poupou Seu próprio Filho. A Bíblia diz que Deus não poupou Seu próprio Filho, antes O entregou por todos nós (Rm 8.32). Diz ainda que Deus prova Seu amor para conosco pelo fato de Cristo ter morrido por nós, sendo nós ainda pecadores (Rm 5.8).

Nas provações, procure glorificar ao Senhor

Em tempos de provações, é muito fácil pensarmos apenas em nossas necessidades e em nossos fardos, em vez de focarmos nossa atenção em trazer glória ao nome de Cristo. Normalmente, perguntamos: "Como posso sair dessa situação de provação?". Em vez disso, deveríamos perguntar: "Como posso trazer glória ao nome do Senhor nessa situação?".

Se existe um fato que revela a glória de Deus no Antigo Testamento é a história de Abraão e Isaque. Essa experiência de Abraão e Isaque é o mais belo tipo da Bíblia sobre a caminhada do Pai e do Filho ao Calvário.

Jesus disse aos Judeus: "Abraão, vosso Pai, exultou por ver o meu dia; viu-o, e alegrou-se" (Jo 8.56). No miraculoso nascimento de Isaque, Abraão viu o dia do nascimento de Cristo. No casamento de Isaque, ele viu o dia da vinda de Cristo para Sua noiva, a igreja. Mas no monte Moriá, quando Isaque foi colocado no altar, Abraão viu o dia da morte e da ressurreição de Cristo. Várias verdades sobre a expiação são vistas nesse texto:

Em primeiro lugar, *o Pai e o Filho agiram juntos* (Gn 22.2,8). Em Gênesis 22.2,8, somos informados duas vezes que Pai e Filho andaram juntos. A Bíblia diz que Deus amou o mundo (Jo 3.16), e Jesus amou aqueles por quem morreu (1Jo 3.16). Mas a Bíblia também diz que o Pai amava o Filho, e o Filho amava o Pai (Mt 3.17; Jo 14.31). Abraão não negou seu único filho (Gn 22.16), e o Pai não poupou o Seu próprio Filho, mas O entregou por todos nós (Rm 8.32).

Em segundo lugar, *o Filho tinha de morrer*. Abraão pegou o cutelo e o fogo, os dois instrumentos de morte. No caso de Isaque, houve um substituto, mas ninguém pôde tomar o lugar de Cristo na cruz. Só Ele poderia morrer por nós na cruz. Apenas Ele poderia oferecer um sacrifício perfeito em nosso lugar. Só Ele é o Cordeiro de Deus que tira o pecado do mundo. O fogo é símbolo da santidade e do juízo de Deus. Na cruz, Jesus experimentou mais do que a morte; experimentou o juízo de Deus pelos pecados do mundo. Isaque não suportou nem o cutelo nem o fogo, mas Jesus suportou ambos. O pai de Isaque estava lá, mas o Pai de Jesus O desamparou na cruz, quando Ele Se fez pecado por nós. Que tremendo amor!

Em terceiro lugar, *o Filho teve de carregar o fardo do pecado sobre Seus ombros*. A lenha é mencionada cinco vezes nesse texto. O versículo 6 diz que Abraão colocou sobre Isaque, seu filho, a lenha do holocausto. Deus fez cair sobre Jesus a iniquidade de todos nós. Ele foi transpassado pelas nossas transgressões. Jesus carregou o lenho maldito sob os apupos da multidão enlouquecida. Foi pregado no lenho e exposto ao vitupério público. Carregou a cruz e na cruz morreu.

Em quarto lugar, *o Filho foi levantado da morte*. Isaque morreu apenas em sentido figurado (Hb 11.19), mas Jesus realmente morreu e ressuscitou. O texto não diz que Isaque retornou com Abraão aos seus dois servos (Gn 22.19). A próxima vez que ouvimos falar em Isaque é quando ele se encontra com sua noiva (Gn 24.62). Isso mostra-nos que o próximo glorioso evento no calendário de Deus é o retorno de Jesus Cristo para encontrar-se com a Sua noiva, a igreja. O Calvário não é apenas o lugar em que Cristo morreu, mas também o lugar onde o Senhor santifica nosso sofrimento e o transforma em glória.

Nas provas, olhe para a frente, para o que Deus tem para você (Gn 22.15-19)

Existe sempre um fim glorioso depois das provas de Deus. Ele não desperdiça sofrimento. Jó disse: "Mas ele sabe o caminho por que eu ando; provando-me ele, sairei como o ouro" (Jó 23.10). Abraão recebeu várias bênçãos de Deus por causa de sua fé obediente.

Em primeiro lugar, *ele recebeu uma nova aprovação de Deus* (Gn 22.11,12). Abraão descreveu toda aquela dramática experiência como ADORAÇÃO (Gn 22.5). Ele obedeceu à vontade de Deus e procurou agradar a Deus. Deus lhe disse: "Agora sei que temes a Deus" (Gn 22.12). Ele é um homem aprovado pelo céu.

Em segundo lugar, *ele recebeu de volta um novo filho*. Abraão e Isaque tinham estado no altar juntos, mas Isaque era agora um sacrifício vivo. Deus deu Isaque a Abraão, e Abraão deu Isaque de volta para Deus. Precisamos ter cuidado para que os dons de Deus não tomem o lugar do Doador.

Em terceiro lugar, *Deus deu a Abraão uma nova segurança* (Gn 22.16-18). Abraão já tinha ouvido essas promessas, mas agora elas têm um toque especial para ele. Charles Spurgeon disse que as promessas de Deus jamais são tão brilhantes como na fornalha da aflição.

Em quarto lugar, *Abraão aprendeu um novo nome de Deus* (Gn 22.14). No monte Moriá, Abraão conheceu Deus como aquele que provê na hora da aflição, por isso O chamou de Jeová-Jiré, O Senhor Proverá; "no monte do Senhor, se proverá". Jesus é o Cordeiro de Deus que tira o pecado do mundo. Deus O proveu para você e para mim. Deus provê o que você precisa, sempre! Hudson Taylor colocou na porta da sua casa: EBENÉZER E JEOVÁ-JIRÉ. Quando olha para trás, você vê a mão de Deus. Quando olha para frente, vê a promessa de Deus. Portanto, não precisa temer!

Quando Jesus estava, na cruz, o Pai não enviou nenhum cordeiro substituto para Seu Filho, nem houve nenhuma voz do céu para salvar Seu Filho. A fé obediente de Abraão agradou de tal forma a Deus que Este abriu a cortina do tempo e mostrou a Abraão o dia de Cristo: o Cordeiro de Deus que nos substituiu e nos deu eterna redenção. Abraão é chamado o pai da fé. Você é filho de Abraão? Como está a sua fé? Você crê em Deus a ponto de obedecer a Ele e colocar no altar o seu Isaque?

4

O TRIUNFO DA FÉ
(Gn 22.1-19)

A fé prevalece com Deus, vence o pecado, derrota Satanás e triunfa sobre as dificuldades. Deus tirou Abraão da masmorra de Satanás, chamando-o de uma terra idólatra para ser o pai da fé.

O capítulo 22 de Gênesis relata um episódio que constitui a experiência máxima de Abraão como homem de fé. Deus lhe promete um filho, demora 25 anos para cumprir a promessa. Agora que o filho já é um adolescente, Deus pede esse filho a Abraão em holocausto. Abraão obedece prontamente, sem questionar, por entender que Deus era poderoso para ressuscitar seu filho. Sem fé, esse ato é loucura e paranóia. Sem fé, o gesto de Abraão é um atentado criminoso. Sem fé, Abraão é um homem senil, e não um herói; um carrasco sem coração, e não um gigante de Deus.

Esse episódio revela a grande batalha da fé

Três verdades podem ser destacadas para retratar essa batalha da fé:

Em primeiro lugar, *a fé que suporta a maior prova* (Gn 22.1,2). A fé verdadeira sempre é provada. Ela não se enfraquece nas provas, mas torna-se ainda mais robusta e combativa. Vejamos algumas lições:

Primeiro, a fé não testada é fé insegura. O que Abraão revela não é crendice, não é fé infantil, imatura, mas fé adulta, guerreira. A qualidade do metal é comprovada por aquilo que pode suportar. A coragem do soldado se evidencia na luta. Só uma casa edificada sobre a rocha enfrenta a fúria da tempestade sem desabar. Deus pede a Abraão seu filho amado, o melhor que ele tem. Pede tudo. Pede mais do que sua vida. Pede seu amor. Pede seu filho em sacrifício.

Segundo, as provas não só testam a fé, mas a revigoram. Os músculos exercitados tornam-se mais rijos. O corredor bem treinado tem melhor desempenho na corrida. As tribulações produzem paciência, e esta conduz a ricas e profundas experiências.

Terceiro, o autor da prova é o próprio Deus. Abraão crê em Deus e Lhe obedece porque sabe que a loucura [aos olhos dos homens] de Deus é sabedoria ainda não descoberta. Deus o prova não para envergonhá-lo ou derrotá-lo, mas para elevá-lo.

Em segundo lugar, *a fé que vence dificuldades para obedecer*. Há sete dificuldades que Abraão deve ter enfrentado para obedecer a Deus nesse assunto:

Primeiro, a ordem de Deus parece contrária à lei antecedente de Deus (Gn 9.5,6). Há momentos em que a palavra de Deus parece contraditória, pois ele nos pede coisas que parecem estar na contramão de sua própria verdade revelada. Mas essa contradição é apenas aparente, pois Deus é luz, e não há nele treva nenhuma.

Segundo, a ordem de Deus era contrária à grande afeição que Abraão tinha pelo filho. Isaque representava o maior bem que Abraão possuía. Isaque era seu próprio coração pulsando em seu peito. Entregar Isaque era dar tudo, dar a si mesmo.

Terceiro, a ordem de Deus era contrária ao bom senso. Sacrificar Isaque frustraria todos os sonhos de Abraão. Mas ele levou sua razão cativa à obediência da fé e entregou seu filho amado.

Quarto, a ordem de Deus era contrária à promessa de Deus. O Senhor havia dito a Abraão: "Em Isaque será chamada a tua descendência". Quando Deus parece entrar em conflito Consigo mesmo e Sua ordem, em conflito com Sua promessa, precisamos descansar em Sua soberania e obedecer sem duvidar.

Quinto, Deus não lhe deu nenhum motivo para ele cumprir essa ordem. Deus, simplesmente, deu-lhe uma ordem sem dar-lhe qualquer justificativa. A fé não busca razões; ela se contenta em obedecer. Ela não olha para a plausibilidade da ordenança, mas para aquele que ordena. Abraão conhecia Deus, por isso confiava nele.

Sexto, como ele poderia olhar novamente para o rosto de Sara? Aquela decisão atingia diretamente Sara. Isaque também pertencia a ela. Sua confiança em Deus afastou dele todo o temor de uma crise conjugal. Ele não caminhou inseguro nem nutriu nenhuma dúvida em seu coração. Ele não trabalhava com a possibilidade da tragédia, mas com a certeza do milagre.

Sétimo, como ficaria sua reputação diante dos egípcios e dos cananeus? Isso seria uma eterna reprovação a Abraão e seus altares. Mas, porque agiu por fé, seu testemunho tem iluminado o caminho de milhões de pessoas em todo o mundo há séculos.

Em terceiro lugar, *a fé que dá vários passos rumo à obediência*. Abraão dá nove passos na direção da obediência quando submetido à maior de todas as provas. Já abordamos esse ponto no capítulo anterior, mas o aprofundaremos agora um pouco mais.

Primeiro, Abraão discerne a voz de Deus e responde ao seu chamado (Gn 22.1). Deus bradou: "Abraão!". Ele respondeu, imediatamente: "Eis-me aqui". Porque Abraão discerniu a voz de Deus, responde a seu chamado mesmo antes de saber o que era. Abraão estava sempre no centro da vontade de Deus, onde Deus queria, fazendo o que Deus queria, na hora em que Deus mandava.

Segundo, Abraão confia no caráter de Deus, por isso Lhe obedece sem demora e sem reservas (Gn 22.3). Ele não questionou Deus. Não duvidou de sua palavra. Ele não esperou até Deus mudar de idéia. Ele não ficou decepcionado com Deus nem entrou na caverna da depressão. Abraão obedeceu ainda que a ordem de Deus tenha parecido sem sentido. A procrastinação é um convite à ruína. Protelar é um laço astucioso do diabo. As ordens desatendidas são um caminho para a perdição. Abraão levantou-se de madrugada. Ele obedeceu rapidamente.

Terceiro, Abraão preparou todas as coisas para o sacrifício. Abraão obedece não apenas de imediato, mas integralmente. Ele leva todos os ingredientes para o sacrifício: lenha, fogo, cutelo e o cordeiro. Ele tem disposição para obedecer. Deus não aceita obediência parcial, pois isso é desobediência total.

Quarto, Abraão obedece, em vez de especular. A fé demonstrada por Abraão não é fé especulativa que quer saber onde, por que, para que, mas a fé que quer ir para onde Deus manda. Abraão age de forma oposta ao profeta Jonas. Deus mandou este ir para Nínive, e ele foi para Társis. Deus mandou Abraão oferecer seu filho em holocausto, e ele caminhou resolutamente na direção apontada por Deus. Se quiséssemos fazer a vontade de Deus mais do que sabê-la, não haveria ninguém que não a soubesse. Deus mandou Abraão para o monte Moriá, e para lá é que ele foi. Moriá significa "manifestação de

Iavé". É no monte da obediência que Deus Se manifesta.

Quinto, Abraão foi persistente em obedecer a Deus (Gn 12.4). Ele caminhou três dias, tempo suficiente para dúvidas assaltarem sua mente. Tempo suficiente para buscar rotas de fuga. Tempo suficiente para entregar-se a racionalizações e desculpas. Três dias foi tempo bastante para que a incredulidade sussurrasse em seus ouvidos muitos pensamentos dissuasivos. Foi tempo bastante longo para que o amor pelo filho suplantasse o amor a Deus. Mas Abraão persiste, persiste em obedecer.

Sexto, Abraão deixou seus servos a distância (Gn 12.5). Ele não queria que ninguém o impedisse de obedecer a Deus integralmente. Ele está determinado a levar Deus a sério. Ele não compreende, mas está certo de que Deus sabe o que faz.

Sétimo, Abraão é capaz de transformar a tragédia em adoração (Gn 22.5). Abraão disse a seus servos: "... depois de adorarmos, voltaremos". Ele não mataria seu filho: ele o sacrificaria. Ele levantaria um altar. Ele adoraria. Abraão compreendeu que devemos obedecer a Deus ainda que Ele pareça contraditório. Parece que Deus luta contra Deus; a verdade, contra a verdade; e o mandamento, contra a promessa. Abraão compreende que Isaque pode morrer, mas Deus não pode deixar de ser Deus fiel, e não pode deixar de cumprir Sua promessa. Deus não procura pessoas que argumentem, mas as que adorem e obedeçam!

Oitavo, Abraão, pela fé, crê na ressurreição de todas as promessas de Deus (Gn 22.5). Abraão ainda diz a seus servos: "... voltaremos". Em Hebreus 11, lemos que Abraão creu que Deus ressuscitaria Isaque. As promessas de Deus não morrem. Para Deus, nunca haverá impossibilidades no cumprimento de Suas promessas. Abraão esperava um milagre. Ele vislumbrava a ressurreição!

Nono, Abraão crê na provisão divina (Gn 22.7,8). Ali, Abraão proferiu pela primeira vez este nome de Deus: *Jeová-Jiré*.

Ele sabia que Deus nunca falha, nunca decepciona. Ele sabia que os caminhos de Deus, mesmo na tormenta, são seguros. Nas horas das trevas mais espessas, Deus sempre acende uma luz em nosso caminho. Quando estamos na estrada da obediência, Ele sempre proverá! É no monte do Senhor, na terra da obediência sacrificial, que o Senhor provê!

Esse episódio revela a recompensa da fé

Três verdades benditas emanam dessa experiência de Abraão:

Em primeiro lugar, *o livramento* (Gn 22.11,12,14). O livramento de Deus pode ser visto de duas maneiras gloriosas:

Primeiro, Isaque é poupado. O mesmo Deus que ordena Abraão sacrificar Isaque é o Deus que proíbe Abraão de imolar o filho. O mesmo Deus que pede Isaque em sacrifício providencia o substituto. O mesmo Deus que pede o filho providencia o cordeiro. Deus não queria Isaque, mas a obediência de Abraão.

Segundo, Abraão é exaltado. Deus diz: "Agora sei...". Não que Deus não soubesse. A firmeza de Abraão não surpreendeu Deus, mas foi um testemunho para o mundo. Deus provou Abraão para que seu exemplo se tornasse uma fonte de encorajamento para milhões de outras pessoas. Porque Abraão obedeceu, Deus o exaltou e fez dele o pai e o paradigma de todos os que crêem.

Em segundo lugar, *o substituto* (Gn 12.13). O cordeiro, símbolo de Cristo, é providenciado para substituir Isaque. No monte Moriá, Deus poupou Abraão e Isaque. Poupou o pai e o filho. Todavia, dois mil anos depois, Deus não poupou a Si mesmo nem a Seu próprio Filho, antes por todos nós o entregou (Rm 8.32). Aquele cordeiro sacrificado em lugar de Isaque apontava para Jesus, o Cordeiro de Deus que tira o pecado do mundo (Jo 1.29). A Bíblia diz que Abraão exultou por ver o dia de Cristo, "viu-o e alegrou-se" (Jo 8.56).

Em terceiro lugar, *a promessa* (Gn 22.16-19). Deus faz menção da obediência de Abraão como consideração do pacto (Gn 22.16). Deus agora confirma a promessa do pacto (Hb 6.13). Deus promete a Abraão uma numerosa descendência. Ele não perde o filho e ainda ganha milhares de milhares de outros filhos.

Esse episódio revela o glorioso exemplo da fé que aponta para o maior acontecimento da História

Como nenhum outro episódio, este aponta para o amor do Pai e o sacrifício de Jesus na cruz. A entrega de Isaque é um farol a apontar o amor eterno e sacrificial do Pai que deu Seu Filho para morrer por nós, pecadores. Algumas semelhanças entre esse gesto de Abraão e o amor do Pai podem ser aqui identificadas.

Em primeiro lugar, *assim como Abraão, Deus não poupou Seu próprio Filho* (Hb 11.17; Rm 8.32). Abraão entregou seu filho a Deus, e Deus entregou Seu Filho para morrer pelos pecadores.

Em segundo lugar, *Isaque foi o filho do coração como Jesus foi o Filho amado* (Gn 22.2; Jo 3.16). Assim como Isaque era o filho da promessa, o filho amado de Abraão, Jesus é o Filho amado, em Quem Deus tem todo o prazer.

Em terceiro lugar, *Isaque foi a Moriá sem reclamar; Jesus, como ovelha muda, foi obediente até a morte, e morte de cruz.* A atitude de Isaque, caminhando três dias para o monte Moriá, lança luz sobre a atitude de Jesus caminhando para o Calvário, sem abrir a boca e sem lançar maldição sobre seus exatores.

Em quarto lugar, *Isaque foi filho de profecias; Jesus é o*

Filho de profecias. Isaque foi prometido por Deus. Seu nascimento foi profetizado. Seu nascimento veio por uma intervenção miraculosa de Deus, no tempo oportuno de Deus. Assim, também, Jesus veio ao mundo para cumprir um propósito do Pai. Sua vinda foi prometida, preparada. Ele nasceu para cumprir um plano perfeito do Pai.

Em quinto lugar, *Isaque teve seu sacrifício preparado* (Gn 22.2,3); *o sacrifício de Jesus foi planejado na eternidade* (Ap 13.8). Assim como Deus estabeleceu os detalhes do sacrifício de Isaque, também planejou desde a eternidade a entrega, o sacrifício e a morte vicária de Seu Filho na cruz.

Em sexto lugar, *Abraão e Isaque caminham sós para o Moriá; Jesus também bebeu o cálice sozinho, mas conversando com o Pai.* Os servos de Abraão ficaram no sopé do monte Moriá. Os homens abandonaram Cristo, inclusive Seus discípulos. Jesus, quando suou sangue no Getsêmani, estava só. Ele, só Ele, e o Pai travaram aquela batalha de sangrento suor. Jesus marchou para a cruz sob os apupos da multidão e tendo como único refúgio a intimidade com o Pai.

Em sétimo lugar, *Isaque carregou a madeira para o sacrifício; Jesus carregou a cruz.* Assim como Isaque levou a lenha para o sacrifício no monte Moriá, Cristo carregou a cruz para o Gólgota, onde morreu por nossos pecados.

Em oitavo lugar, *Abraão e Isaque caminham sempre juntos; o Pai e o Filho fizeram na eternidade um pacto de sangue para salvar o homem e andaram sempre juntos.* Sempre houve comunhão perfeita entre o Pai e o Filho. Sempre andaram juntos nesse glorioso propósito de remir-nos.

Quando caminhamos pela fé, mostramos ao mundo não só nossa fidelidade a Deus, mas revelamos ao mundo o próprio coração de Deus. Deus poupou Abraão e Isaque, mas não poupou Seu Filho. Ele não providenciou um cordeiro substituto para Jesus. Ele viu Seu clamor e não O amparou. No topo do

Calvário, há uma bandeira que drapeja e proclama: "Deus proverá". Ele providenciou para nós perdão e salvação. Olhe para o Cordeiro de Deus. Olhe para Jesus, com fé, e seja um filho de Abraão, seja um filho de Deus!

5

QUANDO UM CASAMENTO DOCE SE TORNA AMARGO

(Gn 24.63-67; 25.20-21; 26.7-11; 27.1-46)

"Casaram-se e foram felizes para sempre." Essa pode ser uma frase de impacto, mas não é verdadeira. Combina com um filme romântico, mas não com a vida real. Não existe casamento perfeito. Não existe felicidade automática. A felicidade conjugal precisa ser construída com renúncia e investimento. Cerca de 50% das pessoas que vão sorrindo para o altar no dia do casamento passam o resto da vida chorando por causa do casamento. Cerca de 70% das pessoas que se divorciam e se casam de novo descobrem que o segundo casamento é mais problemático que o primeiro. As feridas abertas pelo rompimento do casamento sangram e doem muito. Doem, sobretudo, nos filhos, as maiores vítimas do divórcio dos pais. O impacto do divórcio na vida de algumas crianças é mais forte do que a morte de um dos pais.

Ao atender uma jovem senhora em prantos, com a palma da mão rasgada numa briga conjugal, perguntei-lhe: "Quantos anos você tem de casada?". Ela me respondeu: "Dois meses". Um detalhe, ela era filha de pastor, e o marido, filho de presbítero. O doce ficara amargo ainda na lua-de-mel. Outra mulher, com seis meses de casamento, disse-me: "Eu não sei o que é ser feliz no casamento". Como está seu casamento? Quão feliz você é em seu relacionamento conjugal? O que você poderia fazer para melhorar seu relacionamento com seu cônjuge?

No casamento, é possível começar bem e terminar mal. É possível começar na dependência de Deus e perder o temor de Deus no meio do caminho. É possível começar em harmonia e terminar com feridas e mágoas. É possível fazer um casamento dentro da vontade de Deus e destruí-lo com as próprias mãos. É possível começar com intenso amor e afogar o casamento no mar da indiferença, da amargura e da separação.

Como está seu casamento? É aquilo que você sonhou? Como está sua família? É o que você planejou? Vejamos agora um casal que começou bem e terminou mal, uma família que tinha tudo para dar certo e sofreu reveses terríveis.

Uma família que tinha tudo para dar certo

O casamento de Isaque com Rebeca tinha tudo para dar certo. Eles formavam o que chamamos de um par perfeito. Vejamos as qualidades de Isaque, um excelente partido, um jovem cobiçado por qualquer mãe como genro. Isaque tinha berço, tinha dinheiro e era um jovem crente. Ele reunia condições físicas, sociais e espirituais para agradar a mais exigente das candidatas ao matrimônio. Vejamos alguns de seus predicados:

Em primeiro lugar, *Isaque era jovem*. Ele casou-se com 40 anos (Gn 25.20). Tendo em vista que ele morreu com 180 anos (Gn 35.28,29), casou-se muito moço. Isso equivale a um homem que chega aos 80 anos casar-se com vinte anos. Ele estava no auge de seu vigor físico.

Em segundo lugar, *Isaque era herdeiro único de uma grande fortuna*. Isaque era o filho da promessa, o herdeiro único da grande fortuna de Abraão (Gn 24.35,36). Isaque era aquilo que poderíamos chamar de um excelente partido. Era um jovem rico, membro de uma família importante, depositário de grandes promessas e alvo de grandiosas esperanças. Sua vida financeira estava garantida. Ele não precisaria desgastar-se para granjear riquezas, mas apenas administrar o grande legado recebido do pai.

Em terceiro lugar, *Isaque era herdeiro de um futuro espiritual glorioso*. A descendência espiritual de Abraão viria por intermédio dele (Gn 21.12). Isaque seria pai de uma multidão. A bênção da aliança passava por ele. Ele era a semente bendita da qual uma multidão haveria de nascer para conhecer e andar com Deus.

Em quarto lugar, *Isaque era um homem espiritual*. Isaque tinha o hábito de meditar nas coisas de Deus (Gn 24.63). Ele era um homem de oração. Temia a Deus. Aprendeu isso aos pés de seu pai, Abraão.

Veremos, agora, que Rebeca foi escolhida especialmente por Deus para ser esposa de Isaque. Enquanto Isaque meditava e orava, possivelmente pedindo a Deus uma esposa, Deus preparou para ele uma mulher extraordinária. Enquanto Abraão se dedicou a buscar uma esposa para seu filho, Deus lhe deu uma nora com qualidades magníficas. Destacamos aqui algumas iniciativas de Abraão, pai de Isaque, em relação ao casamento do seu filho.

Em primeiro lugar, *Abraão entendeu que Isaque precisava casar-se com uma jovem fiel a Deus* (Gn 24.3). Abraão sabia que Isaque não podia casar-se com uma cananita (Gn 24.3). Eles não serviam ao mesmo Deus. Eles adoravam outros deuses.

Abraão estava decidido a orientar seu filho nessa área vital da vida. Os pais precisam ser mais participativos no processo da escolha do cônjuge para seus filhos. Abraão mandou buscar uma jovem dentre seu povo. Abraão estava convencido de que Deus é quem dá a esposa prudente (Pv 19.14; 18.22).

Em segundo lugar, *Abraão procurou o seu servo mais velho para procurar uma jovem com quem Isaque deveria se casar* (Gn 24.2). É relevante que Abraão não chamou um jovem, um *playboy*, um garotão, mas seu servo mais velho, mais experiente, para escolher uma esposa para seu filho. Os jovens precisam ouvir os conselhos dos mais velhos na área do casamento.

Em terceiro lugar, *Abraão e seu servo buscaram a direção divina na escolha da esposa de Isaque* (Gn 24.7,14). Precisamos orar a Deus pelo casamento de nossos filhos. A vontade de Deus precisa ser feita nessa importante área da vida. Alguém já disse que, se não pedirmos a Deus o nosso cônjuge, o diabo pode nos dar um.

Quando o servo de Abraão encontrou Rebeca, ele não teve dúvidas de que ela era a resposta de suas orações e de que estava diante daquela que o próprio Deus preparara para Isaque. Rebeca tinha qualidades extraordinárias. Tinha o perfil ideal para ser a esposa de Isaque. Vejamos suas qualificações:

Em primeiro lugar, *Rebeca era uma jovem bonita* (Gn 24.16). Ela era uma moça graciosa, bela e encantadora. Bela por fora e bela por dentro. Tinha aparência física agradável e também uma vida interior com conteúdo.

Em segundo lugar, *Rebeca era uma jovem trabalhadora* (Gn 24.15). Ela era pastora, e não uma peça de porcelana, frágil, indefesa e mimada. Ela não cresceu numa redoma de vidro, numa estufa familiar, mas na arena do trabalho. Seu caráter foi forjado na urdidura da luta. Era uma jovem preparada para os desafios da vida, e não uma donzela frágil e sem têmpera para os combates da vida.

Em terceiro lugar, *Rebeca era uma jovem prestativa* (Gn 24.20). Logo que Rebeca viu Eliezer com seus camelos, providenciou água, tirando-a do poço para o peregrino e seus animais. Rebeca tinha força nos braços, destreza nas atitudes e generosidade no coração.

Em quarto lugar, *Rebeca era uma jovem amada pelos pais* (Gn 24.55). Tinha saúde emocional. Não precisava se entregar ao primeiro aventureiro nem tinha carências afetivas. Era uma jovem bem resolvida emocionalmente, com uma auto-estima saudável.

Em quinto lugar, *Rebeca era uma jovem decidida* (Gn 24.57,58). Logo que ela entendeu o propósito de Deus para sua vida, dispôs-se a deixar pai e mãe e unir-se àquele que Deus havia preparado para ela. Sair do ninho dos pais antes da hora, prematuramente, pode ser um desastre, mas deixar de sair na hora certa também pode ser uma fonte de desalento. Rebeca tinha decisão própria. Ela sabia fazer suas próprias escolhas com segurança.

Em sexto lugar, *Rebeca era uma jovem recatada* (Gn 24.65). Quando ela viu Isaque, cobriu o rosto com o véu. Ela, em vez de despir-se e se mostrar insinuante, buscou o recato. Hoje, muitas jovens tentam atrair seu pretendente, seduzindo-o pelos encantos do corpo, vestindo-se provocantemente, mas a jovem sábia é recatada e busca ressaltar os predicados morais, mais do que os dotes físicos.

O resultado desse conjunto de medidas é que Isaque, ao ver Rebeca, amou-a à primeira vista (Gn 24.67). Foi um encontro curto, mas eficaz por causa da longa preparação. Hoje, temos relacionamentos vulneráveis, porque eles começam sem nenhum planejamento, sem nenhuma preparação espiritual. O casamento de Isaque e Rebeca aconteceu no tempo de Deus, dentro do projeto de Deus, conforme a vontade de Deus. Rebeca era estéril. Por ela, Isaque orou vinte anos, e Deus ouviu sua oração. Ela foi curada, e concebeu, dando à luz dois filhos gêmeos, Esaú e Jacó (Gn 25.21,26).

Uma família ameaçada pela imprudência

Isaque era um homem de Deus, mas cometeu alguns erros graves em seu casamento. Listaremos alguns deles:

Em primeiro lugar, *a falta de transparência* (Gn 26.7-11). Ele imitou os erros de seu pai, Abraão. Abraão mentiu sobre Sara, sua mulher, para poupar sua vida. Ele enfraqueceu o mais estreito dos laços humanos para livrar sua pele. Ele acovardou-se acerca do assunto mais sagrado do casamento, a fidelidade conjugal, e, assim, expôs Sara a uma situação de profundo constrangimento. Isaque, de igual forma, expôs Rebeca, sua mulher, ao perigo (Gn 26.7), colocando-a na vitrina da cobiça e do desejo. A beleza de Rebeca tornou-se um fator de crise no casamento. Isaque teve três atitudes reprováveis nessa falta de transparência:

Primeiro, *a mentira*. O mesmo Isaque que tivera tantas vitórias com Deus fracassa, agora, na área moral. Ele, que já vencera provas maiores, agora cai diante de uma prova menor. Israel venceu Jericó e caiu diante de Ai. Davi venceu um leão e caiu na teia da impureza. Sansão matou mil filisteus com uma queixada de jumento, mas caiu no colo de uma filistéia. Isaque, para poupar a sua vida, afirma que Rebeca é sua irmã. Ele nega o mais estreito dos relacionamentos. Para salvar sua pele, põe sua mulher em risco. Ele expõe sua mulher na vitrina dos desejos. Em vez de amá-la e protegê-la, Isaque a expõe. Mas a mentira tem pernas curtas: a mentira contada (Gn 26.7) torna-se mentira descoberta (Gn 26.8). Isaque era marido dentro do quarto e irmão na rua. Ele estava vivendo uma mentira. A mentira descoberta torna-se mentira reprovada (Gn 26.10,11).

Isaque havia feito um grande mal a si mesmo, à esposa e ao povo filisteu. Sua mentira era uma loucura consumada que abalou os alicerces da confiança de seu casamento.

Segundo, *o egoísmo*. Isaque pensou só em si mesmo. Ele olhou sua mulher como um objeto que podia ser usado para sua proteção. Em vez de proteger sua mulher, fez dela seu escudo. Ele abusou de Rebeca, sem respeitar seu caráter e sua dignidade. Sua mentira e seu egoísmo eram uma negação de seu amor e de seu romantismo. Ele acaricia sua mulher no recesso do quarto e nega seu casamento em público. Sua covardia é maior do que o seu amor. Há cônjuges que só conseguem ter intimidade na cama, mas não expressam mais a harmonia conjugal nas suas palavras e atitudes. A partir daquele momento, Rebeca não dialoga mais com Isaque. Eles fingem uma harmonia que não mais existe. O diálogo morreu na vida daquele casal. Quem planta egoísmo colhe solidão.

Terceiro, *o medo*. O amor lança fora todo o medo. O amor tudo sofre, tudo crê, tudo suporta. O medo de Isaque foi desamor à esposa e descrença em Deus. Isaque conseguiu grandes vitórias na vida profissional. Tornou-se um homem riquíssimo, mas fracassou no casamento. O pecado é maligníssimo. Isaque aprendeu a mentira com seu pai. Rebeca aprendeu a mentir com seu marido. Jacó, com a sua mãe.

Em segundo lugar, *a falta de confiança e de comunicação entre o casal* (Gn 27.5). O tempo e a rotina começaram a desgastar aquele lar. O relacionamento de Isaque e Rebeca ficou estremecido. A comunicação morreu entre eles. Não havia mais diálogo. A harmonia do casamento era coisa do passado. Esse casal que começou de maneira tão bonita, agora chega à velhice sem intimidade, sem comunhão, sem diálogo. Agora Rebeca escuta os comentários do marido detrás da porta. Isaque não partilha com ela os desejos de seu coração. Um silêncio impera entre eles. Eles não confiam mais um no outro.

Em terceiro lugar, *a falta de sabedoria na criação dos filhos* (Gn 25.28; 26.5-8). Dois erros graves são cometidos por Isaque e Rebeca na criação dos filhos gêmeos:

Primeiro, *eles têm preferência por um filho em detrimento do outro* (Gn 25.28). Eles ficaram vinte anos sem ter filhos, e, agora, os filhos são transformados em problemas. Eles transformaram uma bênção num problema. Os filhos, em vez de unir, separam o casal. Isaque tem preferência por Esaú, e Rebeca, por Jacó. Têm favoritismos. Eles fizeram dos filhos um motivo de tropeço para o casamento. Eles cometem um grave pecado contra os filhos. Eles têm preferência por um filho em prejuízo do outro. Jacó aprendeu esse erro com os pais e o comete mais tarde, amando mais a José que seus irmãos.

Segundo, *eles semeiam o ciúme, a competição e o ódio no coração dos filhos* (Gn 27.5-8). Eles lançaram no coração dos filhos o ciúme, a inveja, a disputa e a competição. Em vez de amigos, os filhos cresceram como concorrentes e rivais. Eles se esqueceram de que, na família, primeiro vem o cônjuge e, depois, os filhos. Rebeca ensina Jacó a mentir. Esaú passa a odiar seu irmão e a desejar sua morte (Gn 27.34,36,41). Jacó precisa fugir de casa para salvar sua vida. Esaú, para vingar-se dos pais, pune-se a si mesmo, casando-se com mulheres filistéias, que se tornam amargura de espírito para seus pais.

Em terceiro lugar, *a falta do temor a Deus nas decisões* (Gn 27.13). Quatro fatos nos chamam a atenção nesse episódio:

Primeiro, *a atitude pecaminosa de Isaque*. Isaque peca contra Deus e contra seus filhos ao querer inverter o propósito de Deus (Gn 25.23). Deus escolhera Jacó, mas Isaque queria abençoar Esaú. Isaque queria interferir no e inverter o projeto de Deus. Ele queria desfazer a obra de Deus, mudar os decretos de Deus. Lutar contra Deus é abraçar uma luta inglória. Ninguém pode lutar com Deus e sair vitorioso. Os planos de Deus não podem ser frustrados.

Segundo, *a atitude pecaminosa de Rebeca*. Rebeca tenta dar uma mãozinha a Deus usando o expediente da traição e da mentira. Rebeca queria fazer a coisa certa de forma errada. Mas Deus não precisa de nossa ajuda. Ele é poderoso para fazer tudo quanto ele mesmo estabeleceu. Rebeca estava fraca espiritualmente e começou a duvidar do cumprimento da promessa de Deus a Jacó. Isaque estava prestes a dar a bênção que Deus prometera a Jacó a Esaú. Então, ela tomou o destino dos filhos em suas próprias mãos. Ela não acreditou em Deus. Ela duvidou de Deus. Ela passou à frente de Deus. Ela fez as coisas do seu modo. Ela não aproveitou o momento para conversar com o marido. Ela decidiu enganar o marido e trair o filho Esaú. Ela instigou Jacó a mentir, a enganar e a trapacear. A mentira vem do Maligno. Mas Rebeca estava tão cega e tão longe de Deus que chegou a ponto de perder o temor a Deus (Gn 27.13).

Terceiro, *Esaú, ao ver o seu lar vivendo de aparências, desprezou Deus*. Esaú passou a desprezar as coisas de Deus. Tornou-se um profano. Ele menosprezou os dons de Deus. Ele vendeu seu direito de primogenitura. Esaú, ao perceber que seus pais viviam apenas uma coreografia de espiritualidade, casou-se com mulheres pagãs. Esse casamento foi uma tragédia em sua vida e na de seus pais (Gn 26.34-35).

Quarto, *Jacó aprendeu a ser um enganador dentro da casa de seus pais*. Jacó, movido pela vontade inflexível de sua mãe, enganou seu velho pai. Mentiu, forjando sua identidade. Passou-se por Esaú. Blasfemou contra Deus e deu um beijo de mentira em seu pai (Gn 27.18-20,24,26,27). Ele aprendeu com a mãe e, daí para a frente, viveu como um suplantador, um enganador. O lar é um campo de semeadura. Nós colhemos o que plantamos. Refletimos quem somos em nossos filhos. Bebemos o refluxo de nosso próprio fluxo. Nós nos multiplicamos e nos reproduzimos na vida de nossos filhos. Porque Isaque e Rebeca plantaram a falta de diálogo, seus filhos cresceram sem amizade. Porque Isaque e Rebeca tinham preferências, seus filhos cresceram como rivais. Porque Isaque e Rebeca semearam competição entre os filhos, eles colheram o ódio de Esaú por Jacó. Porque eles não cultivaram amizade entre os filhos, passaram a velhice na solidão, longe dos filhos.

Uma família que colhe os tristes resultados de sua imprudência

Quem semeia colhe. Colhe o que planta, colhe mais do que planta e colhe o que não quer ceifar. Destacamos dois pontos para nossa reflexão.

Em primeiro lugar, *Isaque e Rebeca não aprenderam com os erros e permitiram que a família fracassasse pouco a pouco.* Todo casal precisa aprender a reconhecer as falhas e se corrigir. O fracasso só é fracasso quando não aprendemos com ele. O fracasso não pode ser nosso coveiro; precisa ser nosso pedagogo. Isaque e Rebeca não faziam correção de rota. Eles não discutiam os problemas, nem se perdoavam. Eles deixavam as coisas acontecer. O divórcio começa com a falta de diálogo dentro de casa. Há casais divorciados vivendo debaixo do mesmo teto. Eles empurram a vida com a barriga e jogam os problemas debaixo do tapete.

O que destrói um casamento, uma família, normalmente, não são os grandes problemas, mas os pequenos problemas não resolvidos em tempo oportuno. Salomão alerta sobre as raposinhas que devastam as vinhas em flor. Os maiores seres vivos do Planeta são as sequóias, as árvores gigantes no sul da Califórnia. Elas são as maiores árvores do mundo. São necessários dezoito homens para abraçar o caule de uma sequóia. Um dia, uma dessas árvores gigantescas foi tombada ao chão. Os especialistas curiosos foram pesquisar a causa desse colapso.

Descobriram que besouros pequenos, como cupins, haviam minado, solapado, aquela árvore, roendo-a até que ela fosse completamente destruída por dentro. O casamento é uma sequóia que pode ser derrubada pelos besouros das pequenas coisas. A Bíblia ordena a não deixarmos o sol se pôr sobre nossa ira. Ou seja, não podemos adiar a solução de um problema. Não podemos ir para a cama com pendências. Não é prudente dormir e acordar com o coração empapuçado de mágoa. Isso gera raiz de amargura e envenena a alma.

Em segundo lugar, *a família toda sofreu as inevitáveis conseqüências dos erros cometidos por Isaque e Rebeca*. Porque Isaque e Rebeca se afastaram dos princípios de Deus, toda a família sofreu os reveses. Ninguém ficou ileso. Ninguém escapou de sofrer os esbarros do colapso dessa família que começou tão bem e agora estava caminhando para a falência. Vejamos o que aconteceu a cada membro dessa família que tinha tudo para ser um referencial de felicidade.

Primeiro, *Isaque*. O nome dele significa RISO, mas nunca mais Isaque teve motivo para rir. Em certo sentido, ele perdeu os seus dois filhos num único dia. Um saiu de casa fugido. O outro saiu para vingar-se dos pais, punindo-se a si mesmo, casando-se com mulheres estrangeiras que foram amargura de espírito para eles (Gn 28.9).

Segundo, *Esaú*. Ele perdeu o respeito pela mãe. Ficou revoltado, amargo. Desgostou-se com seu lar. Passou a alimentar um ódio assassino por Jacó. Rebeca armou uma guerra dentro de sua própria casa. Seus filhos se tornaram inimigos mortais.

Terceiro, *Jacó*. Ele precisou fugir de casa. Sai como mentiroso, traidor, embusteiro. Sai com a consciência culpada, deixando um pai enganado, um irmão traído e uma mãe protetora fracassada.

Quarto, *Rebeca*. Ela prometera a Jacó: "Refugia-te na casa de Labão, meu irmão, [...] e demora-te com ele alguns dias [...];

então mandarei trazer-te de lá" (Gn 27.42-45). Vinte anos se passaram, e Jacó não voltou. Rebeca nunca mais viu seu filho. Ela morreu sem cumprir a promessa. Viveu amargamente sua velhice, ao ver o seu lar desmoronado pelas suas próprias mãos. Rebeca, na verdade, foi incapaz de prever todo o alcance de seus atos. O ódio despertado no coração de Esaú continuou por gerações futuras. Durante muitos séculos, os edomitas, descendentes de Esaú, seriam inimigos de Israel. Os edomitas jamais cessaram de odiar os israelitas. O livro do profeta Obadias descreve com cores fortes esse ódio dos edomitas a ponto de sentirem prazer com a desgraça de seus irmãos israelitas. Herodes, o Grande, o homem que quis matar Jesus em Belém, e seu filho, Herodes Antipas, o homem que ridicularizou Jesus durante seu julgamento, eram edomitas, descendentes de Esaú.

Toda a família sofreu as conseqüências da imprudência de um casal que começou bem, mas não soube resolver os assuntos familiares com sabedoria.

ISAQUE ficou só, envergonhado, sem sorriso, um grande homem, um grande empresário, um homem rico, mas um marido descuidado e um pai parcial.

REBECA perdeu seu filho predileto, perdeu o respeito de Esaú, traiu seu marido, não levou Deus a sério.

JACÓ perdeu a casa, perdeu a mãe protetora, perdeu o amor do irmão e a consciência tranqüila.

ESAÚ puniu a si mesmo para vingar-se dos pais (Gn 28.6-9). Esperou o pai morrer para vingar-se do irmão.

Como está sua família? Como está seu relacionamento conjugal? Há transparência? Há amor comprometido? Há fidelidade? Há brigas e mágoas dentro de seu lar? Como os seus filhos se relacionam? Eles são amigos? Vocês os tratam de forma justa e imparcial?

Como está a comunicação em seu lar? Como está a reverência pelas coisas de Deus? Nossos lares precisam urgentemente de um avivamento espiritual. Consagre hoje seu lar ao Senhor. Consagre seus filhos ao Senhor. Deposite seu casamento no altar.

Vinte anos depois, Deus restaurou a amizade de Jacó e Esaú. Mas Rebeca não viu isso, e o pai estava muito velho para alegrar-se nessa restauração. Peça a Deus que faça você ver um milagre em sua família!

6

COMO TRANSFORMAR A CRISE EM TRIUNFO
(Gn 26.1-33)

A crise é uma encruzilhada, onde uns colocam os pés na estrada da vitória, e outros descem a ladeira do fracasso. A crise revela os verdadeiros heróis: uns ficam esmagados debaixo da bota dos gigantes, e outros olham por sobre os ombros dos gigantes para os horizontes largos. Na crise, uns fracassam, e outros triunfam. É no ventre da crise que surgem os grandes vencedores.

A crise é um tempo de oportunidade: uns olham para ela como a porta da esperança, e outros a vêem como a sepultura dos sonhos. John Rockefeller disse que "o futuro não acontece simplesmente; ele é criado por homens de visão".

Os Estados Unidos estão no terceiro padrão residencial. No começo, o país era *agrícola*. O florescimento da industrialização e o leque dos serviços públicos levaram o país a ser predominantemente *urbano*. Hoje, a nação é *suburbana*; a maioria da população concentra-se na periferia das grandes cidades. O grande idealizador desse deslocamento das pessoas, dos centros congestionados, para os subúrbios foi William Levitt. Ele inovou o sistema de construção, criou financiamento para aquisição de casas próprias e desenvolveu um novo modelo de comunidade. Depois da Segunda Guerra Mundial, o país experimentou uma crise residencial. O número de casamentos aumentou assustadoramente com o retorno dos soldados combatentes. Houve uma explosão demográfica, e, assim, milhões de pessoas viviam inadequadamente em garagens e barracões. William Levitt, portanto, aproveitando a crise de habitação, deu corpo a seu sonho, comprando enormes lotes no subúrbio de Nova York, onde as propriedades eram baratas, e enviou suas equipes para construir casas. A idéia explodiu no país. Em pouco tempo, os Estados Unidos estavam semeados de áreas semelhantes, e a crise habitacional foi eliminada. Foi uma revolução na indústria de moradias. A crise é um tempo de semeadura.

A crise gera medo, insegurança e instabilidade. Isaque quer fugir, pois há fome em sua terra. Mas a crise é tempo de oportunidade e da intervenção sobrenatural de Deus. Vejamos, à luz desse texto, cinco princípios para transformar a crise em triunfo.

Na crise, siga a orientação de Deus, em vez de fugir (Gn 26.1-6)

Há quatro atitudes que precisamos tomar em tempos de crise:

Em primeiro lugar, *na crise somos desafiados a lutar pela própria sobrevivência* (Gn 26.1). A fome assola a terra onde está Isaque. É tempo de escassez, de desemprego, de contenção drástica de despesas, de recessão. Isaque, porém, não ficou lamentando; ele saiu, se moveu. Hoje, vivemos o drama do achatamento da classe média, da falta de oportunidade e perspectiva para aqueles que não conseguem ter acesso às universidades. A batalha do emprego é maior do que a batalha do vestibular. O desemprego é um gigante. O medo do futuro apavora os pais de família.

Em segundo lugar, *na crise não podemos buscar atalhos sedutores* (Gn 26.2). Isaque foi tentado a descer ao Egito, lugar de fartura e riquezas fáceis. Queremos soluções rápidas, fáceis e sem dor. Mas Deus diz a ele: "*Não desças ao Egito*". Cuidado para não transigir com os valores de Deus na hora da crise. Cuidado para não tapar os ouvidos à voz de Deus na hora da crise. Desista das vantagens imediatas por bênçãos mais invisíveis (Gn 26.3) e remotas (Gn 26.4). Desista dos seus planos e siga o projeto de Deus, ainda que isso pareça estranho.

Em terceiro lugar, *na crise precisamos tirar os olhos das circunstâncias e pô-los nas promessas de Deus* (Gn 26.3-5). Deus diz a Isaque: Não fuja, fique! Floresça onde você está plantado. Não corra dos problemas; enfrente-os. Vença-os. Seu futuro está nas mãos de Deus. Não deixe a ansiedade estrangular você: Onde morar? Onde trabalhar? Onde meus filhos estudarão? Como eu pagarei meu plano de saúde? E se eu ficar doente? Saiba que Deus cuida de você. Você vale mais do que as aves do céu e as flores do campo. Deus conhece cada uma das suas necessidades. Ele é poderoso para suprir todas elas. Ele jamais desamparou o justo nem permitiu que sua descendência mendigasse o pão.

Deus acalma o coração de Isaque e lhe diz: Calma! Eu estou com você. Calma! Eu tomo conta de sua descendência. Calma! Seu futuro está nas minhas mãos, e não será destruído pelo terremoto das circunstâncias. Calma! Farei de você e da sua descendência uma bênção para o mundo todo.

A causa de nossa vitória não é ausência de problemas, mas a presença de Deus nos garantindo a vitória. Moisés não se dispôs a atravessar o deserto sem a presença de Deus. Paulo perguntou: "Se Deus é por nós, quem será contra nós?" (Rm 8.31). Você e Deus são maioria absoluta. Com Deus a seu lado, você é mais do que vencedor.

Em quarto lugar, *na crise precisamos obedecer sem racionalizações* (Gn 26.6). Deus tem duas ordens para Isaque: não desças ao Egito (Gn 26. 2) e fica na terra de Gerar (Gn 26.2,6). Isaque não discute, não questiona, não racionaliza, não duvida. Isaque obedece de imediato, pacientemente. Ele aprendeu com seu pai, Abraão. Deus diz a Abraão: "Sai-te da tua terra [...] para a terra que eu te mostrarei", e Abraão saiu. Deus diz a Abraão: "Toma agora teu filho, o teu único filho; vai à terra de Moriá, e oferece-o ali em holocausto", e Abraão foi e ofereceu seu filho. Deus diz a Abraão: "Não estendas a mão sobre o mancebo", e ele obedeceu. O caminho da obediência é o caminho da bênção. Na crise, não fuja de Deus; obedeça a Ele!

Na crise, invista em seu relacionamento familiar, em vez de mentir (Gn 26.7-11)

Quero ainda reforçar esse ponto que já discuti no capítulo anterior. Dois fatos nos chamam a atenção neste ponto:

Em primeiro lugar, *os grandes homens também têm os pés de barro* (Gn 26.7). Isaque mentiu para salvar sua pele e pôs sua mulher na maior de todas as encrencas. Ele demonstrou que amava mais a si mesmo do que a esposa. A Bíblia diz que o marido deve amar a esposa como Cristo amou a Igreja, entregando-se por ela. Mas Isaque estava disposto a sacrificar sua mulher para poupar-se. Ele estava preocupado com sua segurança, e não com os sentimentos de sua mulher. Ele negou o mais sagrado dos relacionamentos: a união conjugal. Ele foi covarde na hora que precisava ser mais corajoso. Isaque pôs sua mulher no balcão dos desejos e na vitrina da cobiça. Ele usou um dote físico da esposa, sua beleza, como um fator de risco para ela. A mentira *contada* (Gn 26.7) tornou-se mentira *descoberta* (Gn 26.8,9). A mentira descoberta tornou-se mentira *reprovada* (Gn 26.10,11).

Em segundo lugar, *os grandes homens às vezes se tornam incoerentes* (Gn 26.8-11). As carícias na intimidade eram uma contradição e uma negação do compromisso em público. Isaque só era marido dentro do quarto. Fora dos portões, não tinha coragem de assumir sua mulher. Isso certamente feriu o coração de Rebeca. Daí para a frente, o diálogo morreu na vida desse casal. Eles passaram a velhice na solidão. Jogaram um filho contra o outro e sofreram amargamente as conseqüências. A velhice de Isaque foi vivida com a ausência de Jacó, a revolta de Esaú e a falta de diálogo com Rebeca.

Isaque cometeu três pecados graves: *mentira, egoísmo e medo*. Não deixe que a crise financeira ou qualquer outro problema familiar fragilize seu relacionamento conjugal. A crise deve ser um tempo de aproximação do casal, e não de instabilidade. Hoje, 50% dos casamentos acabam em divórcio. Dez anos depois do segundo casamento, 70% terminam também em divórcio. Nos últimos seis anos, o índice de divórcio na terceira idade aumentou 51%. Sua família é seu maior patrimônio. Nenhum sucesso compensa o fracasso de sua família. Não deixe o doce ficar amargo. Invista em seu relacionamento conjugal.

Na crise, vença os prognósticos pessimistas e faça investimentos, em vez de ficar lamentando (Gn 26.12-14)

Destacamos três verdades revolucionárias nesta passagem:

Em primeiro lugar, *semeie na sua terra, ainda que todos duvidem que isso será um sucesso* (Gn 26.12). Muitos podiam dizer: O lugar é deserto. Aqui não chove. A terra é seca. Aqui não tem água. Não dará certo. Outros já tentaram e fracassaram. Não tem jeito, jamais sairemos dessa crise. Isaque se recusou a aceitar a decretação do fracasso em sua vida. Ele desafiou o tempo, as previsões, os prognósticos, a lógica: "Isaque semeou naquela terra". Eu conclamo você a parar de reclamar. Semeie em sua terra. Semeie em seu casamento. Semeie em seus filhos. Semeie em seu trabalho. Semeie em sua igreja. Não importa se hoje o cenário é de um deserto. Lance suas redes em nome de Jesus. Lance seu pão sobre as águas. Ande pela fé.

Davi podia pensar o mesmo diante de Golias. Durante quarenta dias, o exército de Saul correu daquele gigante, com as pernas bambas de medo. Em vez de correr do gigante, Davi correu para vencer o gigante e triunfou sobre ele. Agarre seu gigante pelo pescoço. Semeie em seu deserto. Deus faz o deserto florescer.

Juscelino Kubitschek, presidente do Brasil de 1956 a 1961, filho de um caxeiro-viajante e de uma professora pública, ficou órfão de pai aos 3 anos de idade. Foi estudar medicina em Belo Horizonte e era tão pobre que pagava a duras penas seus próprios estudos, mas não tinha dinheiro para comprar uma cadeira. Sua cadeira era um caixote de tomate. Mas esse homem venceu as dificuldades. Tornou-se um médico cirurgião, fazendo especialização na França e na Alemanha. Foi deputado federal duas vezes. Prefeito e governador de Minas, e presidente da República. Em 21 de abril de 1960, inaugurou Brasília, a capital da República, no coração do serrado.

Em segundo lugar, *torne-se um especialista no que você faz não se acomode* (Gn 26.18-22). Quando estamos vivendo num deserto, precisamos nos tornar especialistas em derrotar crises. Isaque começou a cavar poços. Cavou sete poços. Ele se especializou no que fazia. Ele buscava um milagre, mas estava pronto a suar a camisa. Seja como Isaque. Você quer ser aprovado no vestibular? Então estude com afinco. Você quer passar no concurso? Então estude com seriedade. Um especialista disse que é mais fácil ganhar na loteria do que passar num concurso sem estudar. Você está desempregado e quer arranjar um novo emprego? Então, saia de casa de madrugada e lute pelo seu sonho. Você quer ser uma pessoa próspera? Então, mexa-se, pare de ficar deitado de papo para o ar. Vá à luta. Especialize-se no que você faz. Isaque tornou-se doutor em cavar poços no deserto. Por isso, ele prosperou quando todo mundo estava reclamando da crise e da fome.

Charles Steinmetz era um anão deformado, mas foi uma das maiores inteligências que o mundo já viu no campo da eletricidade. Foi ele quem fabricou os primeiros geradores para a fábrica da Ford, em Michigan. Um dia, os geradores queimaram, e toda a fábrica parou. Mandaram chamar vários mecânicos e eletricistas para consertá-los, mas ninguém conseguiu que funcionassem. A empresa estava perdendo dinheiro. Então, Henry Ford mandou chamar Steinmetz. O gênio chegou ali, ficou a remexer por algumas horas, depois ligou a chave, e toda a fábrica voltou a funcionar. Alguns dias depois, Henry Ford recebeu a conta de Steinmetz no valor de 10 mil dólares. Embora fosse muito rico, Henry Ford devolveu a conta com um bilhete: "Charles, essa conta não está muito alta para um serviço de poucas horas, em que você apenas deu uma mexida naqueles motores?". Charles devolveu-a a Ford, mas, dessa vez, tinha uma explicação: "Valor da mexida nos motores, 100 dólares. Valor do conhecimento do lugar certo para mexer, 9.900 dólares. Total: 10 mil dólares". E Ford pagou a conta.

Em terceiro lugar, *faça o ordinário e espere o extraordinário de Deus* (Gn 26.12-14). Isaque colheu a cem por um no deserto, na seca (Gn 26.12). "E engrandeceu-se o homem; e foi-se enriquecendo" (Gn 26.13). Tornou-se um próspero empresário rural (Gn 26.14). A razão? O Senhor o abençoava (Gn 26.12b). A intervenção sobrenatural de Deus não anula a ação natural do homem: Isaque experimentou o milagre de Deus na crise. Mas Isaque não prosperou na passividade. Ele cavou poços. Ele plantou. Ele investiu. Ele trabalhou. Ele foi um empreendedor. É hora de parar de falar em crise e arregaçar as mangas. É hora de parar de reclamar e começar a trabalhar com afinco.

Há uma profunda relação entre a diligência humana e a bênção de Deus, entre trabalho e prosperidade (Pv 10.4; 13.4; 28.19).

Ray Kroc foi um homem de visão. Na metade da década de 1950, Kroc, que morava em Chicago, trabalhava vendendo máquinas de *milk-shake* para restaurantes. Durante suas viagens como vendedor, ouviu falar das unidades de *milk-shake*, usadas pelo restaurante dos irmãos McDonalds, no sul da Califórnia. Ray Kroc viajou até lá, observou como as pessoas chegavam continuamente, compravam lanches e saíam felizes e satisfeitas. Seu instinto de comerciante foi aguçado. Kroc conversou com os clientes e, depois, fez uma parceria com os McDonalds, que não tinham a visão de expandir seu negócio, de abrir franquias de refeições rápidas. Essa visão de Kroc foi um grande sucesso. A indústria de refeições instantâneas tornou-se uma grande força na economia dos Estados Unidos e, agora, do mundo. Hoje, os restaurantes McDonalds estão espalhados no mundo inteiro. Tom Sine em seu livro *A face oculta da globalização* diz que a rede McDonald's tornou a Coca-Cola a marca mais conhecida do mundo.

Na crise, proteja o seu coração da amargura, em vez de brigar pelos seus direitos (Gn 26.14b-21)

Destaco duas verdades importantes aqui:

Em primeiro lugar, *esteja no controle de seus sentimentos, pois sua paz de espírito é melhor do que a riqueza*. Isaque enfrentou: 1) a inveja dos filisteus (Gn 26.14); 2) a suspeita e a rejeição de Abimeleque (Gn 26.16) e 3) a contenda dos pastores de Gerar (Gn 26.20,21). As pessoas normalmente não se alegram quando você prospera. Inveja, rejeição e contenda são tensões que você precisa enfrentar. Como Isaque enfrentou a inveja, a rejeição e a contenda? Com paciência. Quando Abimeleque o mandou sair de sua terra, ele saiu. Quando os filisteus encheram seus poços de entulho, ele saiu e abriu outros poços. Quando os pastores de Gerar contenderam para tomar os dois poços novos, ele não discutiu, foi adiante para abrir o terceiro poço. Ele teve uma reação transcendental (Mt 5.39-42). Isaque nos ensina que é melhor sofrer o dano do que entrar numa briga buscando nossos direitos. É impossível ser verdadeiramente próspero sem exercitar o perdão. Quem guarda mágoa e passa por cima dos outros não é feliz. Quem atropela os outros e fere as pessoas não tem paz.

Em segundo lugar, *quando você teme Deus, ele reconcilia com você seus inimigos* (Gn 26.26-33). Abimeleque o expulsou, mas agora o procura, pede perdão e reconhece que Isaque é "o abençoado do Senhor" (Gn 26.29), e Isaque o perdoa, e eles se reconciliam. A prosperidade que não passa pela paz de espírito não é a verdadeira prosperidade. O *shalom* de Deus implica uma prosperidade ampla, que abrange todas as áreas dos nossos relacionamentos. Precisamos ter paz com Deus e com os homens. Precisamos ter relacionamentos na vertical e também na horizontal. Precisamos ter pressa em fugir de contendas e também em perdoar aqueles que nos ferem.

Na crise, busque velhas e novas possibilidades, em vez de se acomodar (Gn 26.18-22,25,32)

Chamo sua atenção para três fatos marcantes no texto:

Em primeiro lugar, *Isaque reabriu os poços antigos de seu pai* (Gn 26.18). Isaque aprendeu com a experiência dos mais velhos. Ele não chamou especialistas para cavar poços. Ele reabriu as fontes de vida que abasteceram seus pais. Precisamos redescobrir as fontes de vida que nossos pais beberam e que foram entulhadas pela corrupção dos tempos. Precisamos cavar esses poços outra vez. Lá tem água boa. Lá tem mananciais. Precisamos voltar a reunir a família em torno da Palavra. Precisamos orar juntos. Precisamos voltar a fazer o culto doméstico. Precisamos voltar às antigas veredas, em vez de ficar flertando com as novidades do modernismo teológico. Não estamos precisando de novidades, de correr atrás de cisternas rotas. Precisamos do antigo evangelho.

Em segundo lugar, *Isaque abriu novos poços, mostrando que não se contentava com as experiências do passado; ele queria mais* (Gn 26.19-22,32). Isaque era um homem empreendedor. Ele queria mais. Precisamos aspirar mais do que nossos pais aspiraram. Precisamos avançar mais do que eles avançaram. Os melhores dias não ficaram para trás; estão pela frente. Nada de saudosismo. Não podemos deixar que as experiências do passado sejam o limite máximo de nossas buscas. Não podemos jogar o passado fora nem idolatrá-lo. A história é dinâmica. Devemos aprender com o passado, viver no presente, com os olhos no futuro. Precisamos subir nos ombros dos gigantes e ter a visão do farol alto. Isaque saiu da terra dos filisteus, foi para o vale de Gerar, depois para Reobote, depois para Berseba. Mas, para onde quer que vá, ele cava poços. Ele quer água no deserto. Berseba antes era um deserto, mas agora é uma cidade, porque Isaque achou água ali.

Em terceiro lugar, *Isaque retirou o entulho dos filisteus para que a água pudesse jorrar* (Gn 26.18). Isaque compreende uma verdade sublime: havia água nos poços. Mas ela não podia ser aproveitada. Primeiro era preciso retirar o entulho dos filisteus. Deus tem para nós fontes, rios de água viva. Nós não os recebemos, porque há entulho para ser retirado.

Antes de sermos cheios do Espírito de Deus, precisamos retirar o entulho do pecado: 1) Incoerência – vida dupla, ortodoxia morta, legalismo. 2) Impureza – fornicação, pornografia, adultério. 3) Incredulidade – secularismo, mundanismo, falta de fervor.

Concluo com duas aplicações práticas:

A primeira aplicação *é que não basta ser próspero; é preciso ser também piedoso* (Gn 26.24,25). Isaque misturava liturgia e trabalho. Ele levantava altares em seu trabalho. Ele levava Deus para seu trabalho e trazia seu trabalho para Deus. Tudo que você faz na vida precisa ser um ato litúrgico. Você precisa trafegar da igreja para o trabalho com a mesma devoção. Sua segunda-feira precisa ser tão cúltica quando o culto de domingo à noite. Antes de receber seu culto, Deus precisa se deleitar com sua vida. Se em seu escritório, balcão, comércio, campo, você não levanta altares a Deus, seu culto na igreja é vazio.

A segunda aplicação *é que, se a crise chegou, você é um forte candidato a um extraordinário milagre de Deus*. Se você está no deserto, ouça o que Deus está lhe falando pela sua bendita Palavra, siga a direção de Deus e semeie em seu deserto. Se você vive num lugar seco, reabra os poços antigos. Busque as fontes da graça de Deus. Retire os entulhos. Não deixe seu coração azedar. O seu deserto florescerá. Se o chão está duro, regue a semente com suas lágrimas e prepare-se para uma colheita miraculosa.

7

UMA ESCOLHA SOBERANA, UM AMOR INCONDICIONAL

(Gn 28.10-17; 32.22-30; 35.1-7)

Não escolhemos Deus; é Ele Quem nos escolhe. Não fomos nós que amamos Deus primeiro; foi Ele Quem nos amou com amor eterno e nos atraiu para Si com cordas de amor. Antes dos tempos eternos, Deus já nos conhecia, nos amava e tinha afeição por nós. A eleição é uma das verdades mais consoladoras das Escrituras. Jacó foi escolhido por Deus antes de nascer. O apóstolo Paulo diz:

> ... (pois não tendo os gêmeos ainda nascido, nem tendo praticado bem ou mal, para que o propósito de Deus segundo a eleição permanecesse firme, não por causa das obras, mas por aquele que chama), foi-lhe dito: O maior servirá o menor. Como está escrito: Amei a Jacó, e aborreci a Esaú (Rm 9.11-13).

Deus não escolheu Jacó *por causa de seus privilégios legais*. Ele não era o primogênito.

Deus não escolheu Jacó *por causa de seu caráter*. Ele era um mentiroso, um enganador.

Deus não escolheu Jacó *por causa de suas obras ou méritos*. Ele ainda nem havia nascido, quando Deus o escolheu.

Na verdade, a eleição é incondicional. O apóstolo Paulo diz que Deus "nos salvou, e chamou com uma santa vocação; não segundo as nossas obras, mas segundo o seu próprio propósito e a graça que nos foi dada em Cristo Jesus antes dos tempos eternos" (2Tm 1.9).

A Bíblia diz que a eleição divina é: 1) eterna; 2) soberana; 3) livre; 4) incondicional; 5) graciosa; 6) cristocêntrica.

Não fomos eleitos por causa de nossas boas obras, mas para as boas obras. As obras não são a causa, mas a conseqüência de nossa eleição (Ef 2.10).

Não fomos eleitos por causa de nossa santidade, mas para a santidade (Ef 1.4).

Não fomos eleitos por causa de nossa fé, mas para a fé (At 13.48).

Não fomos eleitos por causa de nossa obediência, mas para a obediência (1Pe 1.2).

Não fomos eleitos porque elegemos Deus. Foi ele Quem nos escolheu (Jo 15.16).

Não fomos eleitos porque amamos Deus. Foi ele Quem nos amou primeiro.

Essa gloriosa doutrina da eleição divina, que faz resplandecer em nosso coração a luz bendita do amor incondicional de Deus, é vista de forma eloqüente na vida de Jacó.

Quatro lições podem ser aqui destacadas:

Em primeiro lugar, *Deus escolhe soberanamente*. Jacó foi escolhido antes de nascer. A causa do amor eletivo de Deus é um sublime mistério. Jacó não tinha em si mesmo razões que pudesse despertar o prazer de Deus. Mas, mesmo assim, Deus o escolheu. Assim, também, Deus nos escolheu, mesmo sendo nós pecadores. Nosso amor é sempre justificado pelo objeto amado. Amamos porque quem ou o que amamos atrai nosso amor. Mas a causa do amor de Deus não está no objeto amado; em Si mesmo. Ele ama porque é amor. Ele é capaz de amar infinitamente os objetos de sua própria ira (Ef 2.3,4). Deus prova Seu amor para conosco pelo fato de ter Cristo morrido por nós, sendo nós ainda pecadores (Rm 5.8).

Em segundo lugar, *Deus abençoa incompreensivelmente.* Jacó fugia de sua casa depois de ter mentido para seu pai, traído seu irmão e blasfemado contra Deus. Em vez de destruí-lo, Deus o abençoa e lhe faz promessas gloriosas em Betel. Assim, também, Deus não nos trata segundo nossos pecados, mas consoante Sua grandiosa misericórdia.

Em terceiro lugar, *Deus salva miraculosamente.* Vinte anos depois de Betel, Jacó volta para sua terra. É um homem rico, mas ainda não convertido. É um patriarca bem-sucedido, mas ainda sem um encontro transformador com o Deus vivo. O mesmo Deus que tomara a iniciativa de abençoá-lo em Betel, agora toma a iniciativa para salvá-lo em Peniel. Aqueles a quem Deus predestina, Deus chama; aqueles a quem Deus chama, Deus justifica; aqueles a quem Deus justifica, Deus glorifica (Rm 8.30).

Em quarto lugar, *Deus restaura graciosamente.* Mesmo depois de salvo, Jacó tropeça e desobedece a Deus. Em vez de ir para Betel, ele foi para Siquém e ali armou sua tenda. Sua atitude foi a mesma de Ló indo para Sodoma. A disciplina de Deus não tardou. Sua família foi desonrada em Siquém. Uma tragédia desabou sobre a vida de Jacó. Seus filhos praticaram uma chacina em Siquém, para lavar a honra da irmã que tinha sido desonrada pelo príncipe daquela terra. Jacó e sua família estavam agora debaixo de opróbrio e sob terrível ameaça. Deus, porém, mais uma vez toma a iniciativa. O mesmo Deus que abençoa e salva é também o Deus que restaura. Deus lhe aparece e diz: "Sobe para Betel". E em Betel Jacó foi restaurado. Vejamos, na vida de Jacó, três capítulos fundamentais:

Betel, o lugar onde Jacó conhece o Deus de seus pais (Gn 28.13)

Jacó era um eleito de Deus, mas ainda não conhecia o Senhor pessoalmente. Ele ainda estava na estrada da fuga. Jacó era um eleito, mas não confiava na providência divina, por isso, em vez de confrontar seu pai acerca do propósito de Deus, mente para ele acerca *de seu nome* (Gn 27.18-19); *da comida* (Gn 27.19); *de Deus* (Gn 27.20); *de sua identidade e de seu amor* (Gn 27.24-27).

Jacó se tornou um enganador, um mentiroso, um falsário, um retrato de seu nome. Ele lidava com as coisas de Deus, mas sem o temor a Deus. Ele era um patriarca, mas não conhecia Deus pessoalmente. Uma coisa é crescer na igreja, pertencer a um lar cristão, ler a Bíblia e ser membro da igreja; outra coisa é ser nova criatura. Ninguém entra no céu por ser filho de crente, por ter nome de crente. Somente aqueles que nascem de novo, que nascem da água e do Espírito, podem ver e entrar no Reino de Deus (Jo 3.3,5).

Quando Deus apareceu a Jacó em Betel, disse-lhe: "Eu sou o Senhor, o Deus de Abraão, teu pai, e o Deus de Isaque..." (Gn 28.13). Deus não lhe disse: "Eu sou o teu Deus". Deus, até esse momento, não era o Deus de Jacó. O conhecimento de Jacó acerca de Deus era apenas teórico. Ele tinha apenas uma fé intelectual. Essa é uma fé morta. Tiago fala de três níveis de fé: 1) a fé morta – racional; 2) a fé dos demônios – racional e emocional; 3) a fé salvadora — uma fé viva que produz obras.

Oh! Terrível possibilidade: a de Deus ser apenas o Deus dos nossos pais, e não o Deus da nossa vida! Deus toma a iniciativa e revela-Se a Jacó, fazendo-lhe promessas grandiosas:

Primeiro, *Deus Se revela a ele, dizendo-lhe que está perto dele* (Gn 28.13,15). Jacó caminha solitário, com as emoções amassadas, com a alma perturbada, com um passado cheio de feridas e um futuro incerto. Mas, nessa jornada, tomou conhecimento de que, a despeito dos seus erros de percurso, Deus estava perto dele.

Segundo, *os anjos de Deus o assistem* (Gn 28.12). Jacó pensou que estava só e desamparado, mas Deus estava perto dele, e os anjos de Deus estavam ao seu redor para o assistirem. O anjo do Senhor acampa-se ao nosso redor. Os anjos são espíritos ministradores que nos assistem na caminhada da vida. Os anjos de Deus subiam e desciam a escada mística que ligava a terra ao céu. Note que os anjos não desciam e subiam, mas subiam e desciam. Eles já estavam na Terra. Eles já estavam assistindo Jacó em sua jornada.

Terceiro, *Deus lhe promete proteção e direção* (Gn 28.15). Jacó agora tem segurança na jornada e propósito de vida. Ele sabe que Deus é seu refúgio e também seu alvo. Jacó agora pode caminhar seguro debaixo das asas do Onipotente. Ele pode sentir-se seguro nos braços do Todo-poderoso. Ele sabe que o futuro com Deus não é mais incerto.

Quarto, *Deus lhe promete bênçãos temporais* (Gn 28.14,15). Deus promete a Jacó três coisas maravilhosas: prosperidade, descendência numerosa e descendência abençoada. Deus promete a Jacó riqueza e família numerosa e abençoada. Jacó, aliado a sua mãe, pensou que precisava ajudar Deus cumprir Sua promessa, mas Deus estava no controle de tudo. A aparente demora de Deus é apenas um recurso pedagógico. As promessas de Deus jamais podem cair por terra. Nenhuma força no céu, na terra ou debaixo da terra pode anular os desígnios de Deus. O que Deus promete, Ele cumpre. Mesmo quando nos tornamos infiéis, Deus permanece fiel. Jacó estava fugindo, cabisbaixo, sob o fardo da culpa, mas Deus o encontra e faz-lhe promessas gloriosas.

Jacó acorda de seu sono, depois de ter aquela magnífica visão da escada e dos anjos e, ao ficar aturdido pela glória da visão, exclama: "Realmente o Senhor está neste lugar; e eu não sabia. [...] Quão terrível é este lugar! Este não é outro lugar senão a casa de Deus; e esta é a porta dos céus". Deus está presente em todo lugar. Não há um centímetro de todo o Universo em que Deus não esteja presente. Mas, agora, Jacó tem uma visão da presença manifesta de Deus. Nem sempre Deus está presente dessa forma. A presença manifesta de Deus nos causa profundos abalos. Jacó despejou sua admiração numa fervente exclamação. Quando Moisés percebeu a presença manifesta de Deus no arbusto fumegante, no monte Sinai, ele se prostrou. Quando Isaías entrou no templo e viu a presença manifesta de Deus, assentado num alto e sublime trono, ficou aterrado. Quando João viu o Senhor glorioso na ilha de Patmos, caiu aos seus pés. Quando Jacó despertou de seu sono, ele levantou ali um altar ao Senhor e deu àquele lugar o nome de Betel, casa de Deus.

Talvez você ainda esteja nesse estágio. Você tem visões da presença de Deus. Você levanta altares a Deus. Você sabe que esse lugar é a casa de Deus e a porta do céu. Você caminha sob a graça comum de Deus: prosperidade, família, segurança. Mas Deus ainda não é o Deus de sua salvação. Ele é apenas o Deus de seus pais.

Oh, você filho de pais crentes, você que nasceu num berço evangélico, você que conhece a casa de Deus, você já conhece o Deus da casa de Deus? Você já conhece Deus? Ele é o Deus de sua vida e o Deus da sua salvação?

Peniel, o lugar onde Jacó conheceu o Deus de sua salvação (Gn 32.30)

Jacó já lutara com seu irmão, com seu pai, com seu sogro; mas, agora, precisa lutar com Deus. É Deus Quem toma a iniciativa da luta. Jacó é um homem rico, próspero. Ele tem muitos filhos. As bênçãos da graça comum o alcançaram. As promessas de Deus feitas em Betel se cumpriram em sua vida. Ele sabe que Deus é bom. Mas Jacó ainda não é um homem salvo. A vida de Jacó nos revela duas importantes verdades:

Em primeiro lugar, *a eleição de Jacó é incondicional*. Deus ama Jacó, apesar de Jacó. Destaco cinco pontos que provam essa afirmativa.

Primeiro, *Deus escolheu Jacó antes de ele nascer* (Gn 25.32; Ml 1.2; Rm 9.11). A escolha divina não é temporal, mas eterna (2Tm 1.9). Deus nos escolheu na eternidade, antes da fundação do mundo (Ef 1.4). Nossa salvação foi planejada na eternidade. Não foi um plano traçado de última hora. Antes de Deus lançar os fundamentos da Terra, ele já nos havia conhecido, amado e predestinado para sermos semelhantes a seu Filho (Rm 8.29,30).

Segundo, *Deus amou Jacó, apesar de seus pecados* (Gn 25.23). O nome de Jacó era um retrato de sua personalidade: Jacó significa enganador, mentiroso. Ele enganou seu pai e seu irmão. A despeito de quem ele era, Deus o escolheu. Mesmo Deus nos conhecendo como somos, ainda nos ama. Esse é um glorioso mistério! Não há nenhum mérito nosso que justifique o amor de Deus por nós. Nossos atos de justiça são, aos Seus olhos, como trapos de imundícia (Is 64.8). O homem sem Deus está morto, escravizado, depravado e condenado (Ef 2.1-3). O espantoso da graça de Deus é que Ele ama com amor eterno os filhos da ira. Ele aplacou Sua própria ira, satisfazendo Sua justiça no sacrifício perfeito e substitutivo do Seu Filho na cruz, para nos aceitar no Amado.

Terceiro, *Deus tomou a iniciativa para salvar Jacó* (Gn 32.24). É o anjo que luta com Jacó, e não Jacó, com o anjo. A salvação começa em Deus e termina em Deus. Só podemos ir a Cristo, porque somos arrastados com cordas de amor. A luta no vau de Jaboque que culminou na salvação de Jacó não foi iniciada por ele. Ao contrário, ele resistiu bravamente medindo força com força, poder com poder, destreza com destreza. Antes de nos curvarmos ao amor de Deus, precisamos ser dobrados pelo poder do Espírito Santo. A inclinação de nossa carne é inimizade contra Deus. Jamais daremos um passo na direção de Deus sem que Ele mesmo nos predisponha para isso. É Ele Quem opera em nós tanto o querer quanto o realizar.

Quarto, *Deus não desistiu de Jacó, apesar de sua resistência* (Gn 32.24,25). Oh! o que seria de nós se Deus se apartasse de nós, por causa da dureza de nosso coração, de nossa resistência à operação transformadora do Seu Espírito? Deus não abandonou Jacó na escuridão daquela noite, porque este, por um tempo, resistiu a ele. Deus não desiste de nós. Ele não abdica do direito que tem de nos conquistar com Seu amor.

Quinto, *Deus feriu Jacó para não perdê-lo para sempre* (Gn 32.25). Quem não vem pelo amor, vem pela dor. Deus moverá os céus e a Terra para salvar aqueles a quem Ele amou desde a eternidade. O sofrimento por si mesmo, porém, não pode nos conduzir a Deus. Se a graça não trouxer o homem aos pés de Cristo, ele não virá de outro modo. Entretanto, Deus, em Sua providência, usa o sofrimento para quebrar as barreiras e atrair os que são Dele a fim de que não pereçam eternamente.

Em segundo lugar, *a eleição de Deus não é apenas incondicional, mas a graça de Deus também é irresistível.* Deus salva Jacó, apesar da resistência de Jacó. Destaco quatro pontos aqui:

Primeiro, *Jacó reconheceu sua necessidade de salvação* (Gn 32.26). Ele se agarrou ao Senhor e disse: "Não te deixarei ir, se não me abençoares". Os olhos da alma de Jacó foram abertos para compreender que a maior necessidade de sua vida não era de riqueza nem mesmo de ter uma família numerosa e próspera, mas de ter Deus. Deus sem Jacó é Deus, mas Jacó sem Deus não é ninguém. Deus não precisa de nós, pois sempre e eternamente subsistiu como Deus perfeito em Si mesmo. Mas nós, sem Deus, somos um ser vazio, insatisfeito e incompleto.

Segundo, *Jacó chorou buscando a transformação de sua vida* (Os 12.4). O coração do velho Jacó agora se derrete. A resistência acaba. O homem endurecido se quebranta. Aquele que era crente apenas de nome, agora se dobra e chora diante de Deus. Quando uma criança entra no mundo, seu sinal de vida é o choro. O choro é sinal de vida. Quando um coração endurecido é quebrado, e quando os olhos da alma são abertos para a nova vida em Cristo, o choro do arrependimento sincero explode como sinal de genuína conversão.

Terceiro, *Jacó confessou seu pecado a Deus* (Gn 32.27). Deus lhe pergunta qual é o seu nome?. Quando seu pai lhe fez essa pergunta, Jacó mentiu dizendo que era Esaú. Agora, Deus lhe pergunta de novo. Não que o Senhor não soubesse o nome dele. Deus estava lhe dando a oportunidade para ele reconhecer o seu pecado, sua identidade. Ele, então, disse: "Jacó". Aquela não foi uma resposta, mas uma confissão. O nome Jacó significa enganador, suplantador. Ele era um retrato de seu próprio nome. Ninguém pode ser salvo antes de reconhecer que é pecador. Jesus Cristo não veio chamar justos, mas pecadores. O médico celestial não veio para os que se julgam sãos, mas para os enfermos. No céu, só entrarão os arrependidos, aqueles que reconhecem que carecem totalmente da graça de Deus.

Quarto, *Jacó viu Deus face a face, e foi salvo* (Gn 32.30). Não basta apenas ouvir falar de Deus; é preciso ver Deus face a face. É preciso ter uma experiência com Deus. Não basta Deus ser o Deus de seus pais; ele precisa ser o Deus de sua vida, de sua experiência, de sua salvação. Em Peniel, Jacó encontrou-se com Deus e consigo mesmo, e sua vida foi salva. O supremo propósito da vida é ver Deus. O céu é a casa do Pai. O objetivo de Jesus é nos levar ao Pai. Quando o véu da incredulidade é removido de nosso rosto, e as escamas caem dos nossos olhos, então, pela fé, contemplamos a face sorridente de Deus. Ele corre para nos abraçar e fazer uma grande festa pela nossa volta ao lar.

El-Betel, o lugar onde Jacó conheceu o Deus de sua restauração (Gn 35.7)

Duas verdades saltam aos nossos olhos, e quero aqui destacá-las:

Em primeiro lugar, *os eleitos de Deus continuam sendo vasos de barro, sujeitos a serem quebrados* (Gn 33.18). Os eleitos de Deus, muitas vezes, fraquejam, tropeçam e caem. Abraão mentiu no Egito, porque deixou de confiar na providência de Deus em relação ao nascimento do filho. Isaque mentiu na terra dos filisteus e deixou de confiar no plano de Deus para seus filhos.

Jacó desobedeceu a Deus, em vez de ir para Betel (Gn 28.15). Ele foi para Siquém. Armou suas tendas no mundo, como Ló o fizera em Sodoma. Quando deixamos de ouvir a voz de Deus, sentimos o chicote de Deus. Quando os filhos de Deus lhe desobedecem ficam debaixo da disciplina divina.

Siquém deixou de ser um lugar seguro para Jacó. Não há lugar seguro fora da vontade de Deus. Em Siquém, a família de Jacó foi desonrada (Gn 34.1-2,25-29).

Em Siquém, um desastre desaba sobre a família de Jacó. O patriarca está agora no fundo do poço (Gn 34.30): culpado, envergonhado, ameaçado.

NO ENTANTO, DEUS, MAIS UMA VEZ, TOMA A INICIATIVA. Deus aparece a Jacó e lhe abre uma porta, o caminho da restauração: Sobe a Betel!

Em segundo lugar, *os eleitos de Deus sempre ouvem a voz de Deus para serem restaurados* (Gn 35.1-7). Cinco fatos são dignos de nota aqui:

Primeiro, *para ir a Betel, é preciso subir* (Gn 35.1). Deus é Quem toma a iniciativa novamente para restaurar Jacó. Subir exige esforço. Para subir, não se pode levar bagagem extra. Jacó precisa tirar o seu coração de Siquém e subir a Betel.

Segundo, *para ir a Betel, é preciso romper com toda prática de pecado e impureza* (Gn 35.2,4). Não podemos ter comunhão com Deus e com os ídolos ao mesmo tempo. Não podemos comparecer diante de Deus com mãos sujas nem com vestes contaminadas. "Se dissermos que temos comunhão com ele e andarmos nas trevas, mentimos, e não praticamos a verdade" (1Jo 1.6).

Terceiro, *para ir a Betel, é preciso determinação* (Gn 35.3). Jacó convoca seus filhos. Ele está determinado a romper com o pecado. Ele quer se levantar. Está disposto a levantar novamente um altar ao Deus que o socorreu em sua aflição e o acompanhou no caminho por onde andou.

Quarto, *em Betel Jacó recebeu o livramento de Deus* (Gn 35.5,6). Quando obedecemos a Deus, Ele Se torna o nosso escudo e proteção. Deus livrou Jacó e seus filhos de seus inimigos.

Quinto, *em Betel Jacó foi restaurado por Deus* (Gn 35.7). Jacó adora a Deus e levanta um altar: EL-BETEL. Agora, Jacó conhece não apenas a casa de Deus, mas o Deus da casa de Deus. Betel deixou de ser apenas um lugar sagrado, para ser um encontro com o Deus vivo. Não basta estar na casa de Deus; é preciso encontrar-se com Deus nessa casa. A palavra EL-BETEL significa "o Deus da casa de Deus", ou: "Eu te abençôo outra vez". Em El-Betel, Deus restaurou Jacó como restaurou Davi, Pedro e o filho pródigo. Deus disse a ele: Filho, a luta ainda não terminou, começaremos tudo de novo. Eu o abençôo outra vez.

O Deus que o escolheu não desiste de você. Aquele que começou a boa obra em você a completará até o dia final. Ainda que uma mãe pudesse esquecer-se de seu filho que amamenta, Deus jamais Se esqueceria de você. Aqueles a quem Deus justifica, Ele também glorifica. Nada pode separar você do amor de Deus. Quando você cai, Ele o levanta e o abençoa de novo.

Deus não é apenas o Deus de seus pais, mas também o Deus de sua vida, o Deus de sua salvação e o Deus de sua restauração.

8

UM HOMEM A QUEM DEUS NÃO DESISTE DE AMAR

(Gn 32.22-32; Os 12.3,4)

Quero ainda falar um pouco mais sobre Jacó. Quero explorar um pouco mais o segundo ponto do capítulo anterior, abordando esse assunto sob outra perspectiva. Quero continuar afirmando com todo o vigor que Deus não abre mão de você. O Seu amor por você é determinado, incansável, vencedor. Não depende de quem você é nem de como se comporta. O amor de Deus por você é eterno. A causa do amor de Deus por você não está em você, mas nEle mesmo. Não há nada que você possa fazer para Deus o amar mais nem nada que você possa fazer para Deus o amar menos. Deus ama você porque Ele é amor.

A vida de Jacó nos ilustra essa verdade de forma gloriosa.

Deus ama Jacó a despeito de Jacó

Destaco quatro verdades consoladoras aqui:

Em primeiro lugar, *Deus amou Jacó antes deste o conhecer* (Gn 25.32; Ml 1.2). O amor de Deus por você não é causado por fatores externos. Deus o amou e o escolheu de forma soberana e livre, independentemente de seus méritos. Deus disse a Rebeca: "E o mais velho servirá ao mais moço" (Gn 25:23).

Deus disse que Seu amor por Jacó era um amor incondicional. O profeta Malaquias escreve: "Eu vos tenho amado, diz o Senhor. Mas vós dizeis: Em que nos tens amado? Acaso não era Esaú irmão de Jacó? diz o Senhor; todavia amei a Jacó, e aborreci a Esaú" (Ml 1.2,3). Deus nos escolheu em Cristo não por causa de nossas obras, mas para as boas obras; não porque éramos obedientes, mas para a obediência. Deus nos escolheu quando éramos pecadores, quando estávamos mortos. Ele colocou Seu coração em nós, antes mesmo da fundação do mundo, antes dos tempos eternos.

Em segundo lugar, *Deus amou Jacó mesmo sem ele merecer* (Gn 25.23). Jacó recebeu um nome que foi o espelho de sua personalidade: enganador, suplantador. Ele nasceu segurando no calcanhar do seu irmão. Ele aproveitou um momento de fraqueza de seu irmão para arrancar-lhe o direito de primogenitura. Ele aproveitou um momento de cegueira de seu pai para mentir para ele e se passar por Esaú. Ele mentiu em nome de Deus e roubou a bênção que Isaque intentava dar a Esaú. Jacó tinha um comportamento reprovável. Ele enganou, mentiu, traiu. Mas Deus, a despeito de quem Jacó era, o amou e continuou investindo em sua vida. Assim é o amor de Deus por nós. Ele nos ama, apesar de nós. Temos pecado contra ele, mas ele continua nos amando e investindo em nós.

Em terceiro lugar, *Deus revelou-Se a Jacó a despeito de sua crise existencial* (Gn 28.10-17). Jacó estava em crise. Ele mentira para o pai em nome de Deus. Tomara os destinos da sua vida em suas próprias mãos, duvidando do propósito do Senhor. Enganara seu irmão, Esaú. Agora, para salvar sua vida, precisa fugir. Deus toma a iniciativa e revela-Se a ele em Betel. Deus era o Deus de Abraão e de Isaque, mas ainda não era o Deus de Jacó. Deus faz promessas a Jacó, a despeito de Jacó ainda não conhecê-Lo pessoalmente. Deus promete estar com ele, guardá-lo, ampará-lo. Jacó tem uma experiência profunda em Betel, casa de Deus, mas ainda não com Deus. Talvez você já tenha tido grandes experiências do poder de Deus. Talvez você já tenha tido experiências tremendas na casa de Deus. Talvez, você já tenha ouvido sobre as promessas de Deus. Mas você ainda não teve um encontro transformador com o Senhor.

Em terceiro lugar, *Deus abençoou Jacó a despeito de ele ainda não ser salvo* (Gn 28.10-17). Deus abençoou Jacó dando--lhe companhia, proteção e prosperidade. Deus fez de Jacó um homem próspero: dando-lhe uma grande família e muitos bens. Deus estava cercando a vida de Jacó com bênçãos especiais. Mas Jacó ainda não estava salvo. Da mesma forma, Deus tem nos abençoado. Ele tem nos guardado. Ele tem nos dado o pão de cada dia. Ele tem nos dado a família. Deus tem lhe dado saúde, bens e coração alegre (At 14.17). Mas você já está salvo? Você já teve um encontro profundo com Deus?

Deus confronta Jacó na hora de sua maior angústia

Destaco três fatos aqui:

Em primeiro lugar, *Jacó mentiu para o pai, enganou o irmão, mas não conseguiu apagar as chamas de sua própria consciência culpada* (Gn 32.10,11). Os anos não conseguiram apagar o drama existencial vivido por Jacó. Sua crise com Esaú ainda estava acesa no coração. Agora ele está de volta. Agora precisa encontrar-se com Esaú. O medo lhe vem ao coração. A culpa o assola. Ele que viveu a vida fugindo, precisa agora enfrentar a situação. Ele não pode fugir de si mesmo e, por isso, fica só. Ele tem de olhar no espelho de sua própria alma e contemplar de fato quem ele é: um suplantador.

Em segundo lugar, *Deus começou a lutar com Jacó, tomando a iniciativa do combate* (Gn 32.24). Deus quer transformar Jacó. Deus não abre mão da vida de Jacó. Deus toma a iniciativa. Ele começa a luta. O encontro de Jacó com Deus não pode ser mais adiado. Ter as bênçãos de Deus não é suficiente. Jacó precisava ter uma experiência pessoal e profunda com o próprio Deus. Mas é Deus Quem toma a iniciativa. Deus não desiste de você. Hoje você precisa atravessar seu Jaboque. Deus está em seu encalço. Ele não abre mão de sua vida. Ele ama você. Ele tem investido em você. Ele tem abençoado sua vida. Mas agora Ele quer o seu coração. Se preciso for, Ele lutará com você para conquistar seu coração, porque Ele não pode abrir mão do direito de ter você.

Em terceiro lugar, *Deus não desistiu de Jacó, mesmo quando este se recusou a ceder* (Gn 32.24,25). Jacó lutou a noite toda. Ele não queria ceder. Ele não queria entregar os pontos. Ele mediu força com força, poder com poder, destreza com destreza. Jacó era um caso difícil, um coração duro, um homem difícil de se converter. Mas Deus não abandonou Jacó por isso. O mesmo Deus que vinha abençoando Jacó a vida toda, agora luta com ele a noite toda. Deus tem lutado com você também. Deus tem colocado intercessores em seu caminho. Ele tem colocado pregadores diante de você. Você tem escutado muitas vezes a voz de Deus. Não endureça seu coração.

Em quarto lugar, *Deus feriu Jacó, a fim de não perdê-lo para sempre* (Gn 32.25). Deus deixou Jacó aleijado para que Jacó não fosse condenado por toda a eternidade. Deus foi às últimas conseqüências para salvar Jacó. Deus empregou um método radical. A vocação de Deus é irresistível. Deus empregará todos os meios para salvar você. Se preciso for, Ele tocará em seu corpo e em seus bens para que você se quebrante, para que você se humilhe. A voz de Deus é tremenda. Ela lança chamas de fogo. Ela faz tremer o deserto. Ela despedaça os cedros do Líbano, ela quebra nossas resistências. Deus, às vezes, usa uma enfermidade, um acidente, uma perda importante. Deus, porém, jamais desiste de salvar aqueles a quem Ele escolheu desde a eternidade.

Deus salva Jacó na hora em que este se humilha (Gn 32.26)

Jacó se agarra a Deus e diz: "Não te deixarei ir, se não me abençoares". Ele tem dinheiro, família e o direito de primogenitura, mas agora ele quer Deus. Sua maior necessidade é de Deus. Jacó sem Deus não é nada. Jacó sem a bênção de Deus é vazio.

Jacó agora tem pressa para ser transformado por Deus. Ele ora com intensidade. Ele ora com senso de urgência. Ele não pode perder a oportunidade. Ele anseia por Deus mais do que por qualquer outra coisa na vida. Quatro fatos merecem ser destacados:

Em primeiro lugar, *Jacó chora diante de Deus buscando uma transformação em sua vida* (Os 12.4). Jacó agora tem o coração quebrantado. Ele agarra-se a Deus com senso de urgência e com os olhos molhados de lágrimas. Jacó se quebranta, se humilha, chora e reconhece que não pode mais viver sem um encontro profundo e transformador com Deus. Como Pedro, Jacó chora, o choro de seu arrependimento. Ele instou com Deus em lágrimas. Ele pediu a bênção de Deus com pranto.

Seus olhos estão molhados, e sua alma se ajoelha diante do Senhor. Por que Jacó chora? O que ele pede com tanta urgência e com tanta sofreguidão? Ele não pede coisas. Ele pede que Deus mude a vida dele. Ele quer Deus e quer vida nova!

Em segundo lugar, *Jacó confessa seu pecado e toca no ponto nevrálgico de sua vida* (Gn 32.27). Quando Deus lhe perguntou: "Qual é o teu nome?", ele respondeu: "Jacó". Aquela não foi simplesmente uma resposta, mas uma confissão sincera. Jacó não podia ser transformado sem antes reconhecer quem era. Ele não podia ser convertido sem antes sentir convicção de pecado. Ele não podia ser uma nova criatura sem antes reconhecer que era um enganador, um suplantador. A história de Jacó era uma história crivada de engano e mentira. Ele tinha nome de crente, mas ainda não era salvo. Jacó era um patriarca. Ele conhecia a aliança de Deus. Ele tinha as promessas de Deus, mas Jacó não vivia como um filho de Deus. O engano era a marca de sua vida. Seu nome denunciava a sinuosidade de seu caráter. Seu nome era um *outdoor* de sua conduta repreensível. Mas, agora, ele abre o coração. Ele admite seu pecado. Ele toca no ponto de tensão, no nervo exposto de sua alma. Qual é seu nome? Quem é você? É hora de você depor as armas. É hora de você deixar de resistir ao amor de Deus. É hora de você confessar não apenas o que faz, mas quem você é, a fim de que também seja salvo!

Em terceiro lugar, *Jacó prevalece com Deus, vê Deus face a face, e sua vida é salva* (Gn 32.30). Até esse tremendo encontro, Deus era apenas o Deus de seu avô, Abraão e de seu pai, Isaque, mas agora Deus passa a ser conhecido como o Deus de Jacó. Jacó tem os olhos de sua alma abertos. Ele vê Deus face a face. Jacó tem seus pecados perdoados, sua alma liberta, seu coração transformado, sua vida salva. Tudo se fez novo na vida de Jacó. Hoje, você também pode ver Deus face a face. Você pode ter o seu Peniel lendo as páginas deste livro. Hoje, esta leitura pode ser seu vau de Jaboque. Deus está bem aí pertinho de você, enquanto lê este livro. Ele é poderoso para mudar sua vida, para transformar seu coração e lhe dar a vida eterna.

Em quarto lugar, *Jacó depois de salvo tem um novo futuro: luz e reconciliação* (Gn 32.31; 33.4). Depois de ter vivido uma vida inteira de trevas, o sol nasceu para Jacó. A luz brilhou no caminho de Jacó. As trevas ficaram para trás. Tudo se fez novo na vida dele: um novo coração, uma nova mente, uma nova vida. Ele saiu manquejando, mas sua alma estava livre! Esaú deve ter lhe perguntado: "Por que você está manquejando Jacó?". Ele deve ter respondido: "Ah, meu irmão, Deus me salvou. Hoje eu sou um novo homem, tenho uma nova vida! Aquele velho Jacó morreu, e foi sepultado no vau de Jaboque. Agora sou uma nova criatura. O sol nasceu para mim!". Deus transformou o ódio de Esaú em amor; o medo de Jacó, em alegria. Aquele encontro temido, que acenava uma briga, uma contenda, uma guerra, transformou-se numa cena de choro, abraços, beijos e reconciliação. Deus transforma nossa vida completamente. Ele nos reconcilia com nossos inimigos. Ele alivia nosso coração da culpa e do medo!

Você está atravessando também seu vau de Jaboque. Como você atravessará esse rio? Fugindo? Resistindo ao amor de Deus? Não prossiga mais nesse caminho. Pare de fugir. Fique só em seu vau de Jaboque. Deus tem um encontro marcado com você. Ele convida você a render-se a Ele. Agarre-se ao Senhor, pedindo a Ele, em lágrimas, que transforme sua vida. Deus não desiste de amar você. Ele está em seu encalço. É melhor que você não demore, pois pode ser que ainda fique manco!

9

Quando Deus é o Senhor de nossos sonhos

José era um jovem sonhador. Seus sonhos o mantiveram com os olhos no alvo e o sustentaram nos tempos de crise. Ele sonhou com os feixes se inclinando diante do dele e com o Sol, a Lua e as estrelas se encurvando diante dele. Seus sonhos geraram inveja no coração de seus irmãos (Gn 37.11), e eles já não falavam mais pacificamente com ele (Gn 37.4). A predileção do pai e a imaturidade de José em contar a seus irmãos os seus sonhos causaram-lhe muitos problemas. Mas, mais tarde, Deus transformou aquilo que aparentemente era uma tragédia em grande bênção. A vida de José nos ensina grandes e práticas lições, como veremos:

Um jovem disposto a honrar o pai

José levava Deus a sério e demonstrava isso honrando seu pai. Sua mãe morrera ao dar à luz Benjamim, seu irmão. José foi amado pelo pai e cresceu bebendo o leite genuíno da verdade e sugando o néctar da piedade. Suas virtudes denunciavam os pecados de seus irmãos; sua luz apontava as trevas em que viviam; sua prontidão em obedecer ao pai de todo o coração apontava para a maldade deles. O sucesso de José era o fracasso deles. Eles não viam José como um irmão e amigo, mas como um concorrente. Eles não olhavam para ele com benevolência, mas como um rival que deviam afastar do caminho.

A vida de José é um *outdoor* a comunicar-nos a mensagem altissonante de que vale a pena honrar os pais. É o primeiro mandamento com promessa. Por outro lado, o filho que desobedece aos pais e os desonra é maldito, pois o pecado da rebeldia é como o pecado da feitiçaria. José se dispôs a obedecer a seu pai, indo ao encontro de seus irmãos, mesmo sabendo que eles não falavam mais com ele (Gn 37.13). José se esforçou para obedecer, o que prova que ele obedeceu de todo o seu coração (Gn 37.14-17).

Um jovem disposto a guardar seu coração da mágoa

Não podemos administrar as circunstâncias que nos cercam, mas podemos administrar nossos sentimentos. Não podemos administrar o que as pessoas fazem contra nós, mas podemos decidir como vamos reagir a essas ações. José escolheu guardar seu coração da mágoa. Ele escolheu viver na dependência de Deus. Ele escolheu ser guiado pelos seus sonhos. José sofreu não porque estava errado, mas porque estava certo.

Ele não sofreu por causa de seus pecados, mas por causa de suas virtudes. Ele sofreu não porque pegou os atalhos da desobediência, mas porque seguiu a estrada da obediência. Que tipo de sofrimento ele enfrentou?

Em primeiro lugar, *o sofrimento dos maus-tratos na família*. O maior sofrimento de José não foi nas mãos de estranhos, mas nas mãos de seus irmãos. A maior ferida aberta em seu coração foi provada não por inimigos de fora, mas pelos irmãos de dentro de sua própria casa. Que sofrimentos foram esses?

Primeiro, José sofreu o boicote de seus irmãos que não falavam com ele pacificamente (Gn 37.4). Os irmãos de José o isolaram, ergueram muros de separação, trataram-no com indiferença e desdém. Olharam para ele como um inimigo a quem deviam eliminar. Havia ódio no coração deles e veneno em suas palavras. Antes de decidir pela morte de José, feriram-no com a língua.

Segundo, José sofreu o ódio dos seus irmãos (Gn 37.4,5,8). O ódio no coração dos irmãos de José não ficou estagnado ou congelado, mas explodiu em ondas cada vez mais poderosas. Foi como uma avalancha que se desprendeu e veio arrastando tudo e a tudo inundando. Eles foram dominados por um ódio crescente, transbordante, avassalador. O relato de Gênesis é dramático: "... odiavam-no [...] o odiaram ainda mais. [...] Por isso ainda mais o odiaram" (Gn 37.4,5,8).

Terceiro, José sofreu os ciúmes de seus irmãos (Gn 37.11). Os sonhos de José provocaram pesadelo em seus irmãos. Quanto mais José crescia, mais eles se afundavam no pântano dos ciúmes. Os sonhos de José apontavam para um plano glorioso de Deus de levantar José como um líder de sua família e de seu povo. A vitória de José era a derrota de seus irmãos. Seu triunfo era o fracasso deles. Eles não tinham a disposição de se alegrarem com seu sucesso.

Quarto, José sofreu a traição e a conspiração de seus irmãos (Gn 37.18). José estava indo ao encontro de seus irmãos por ordem de Jacó e para o bem deles. Mas, em vez de acolherem o irmão com simpatia, conspiraram contra ele para o matar. Agiram com injustiça, com maldade e com violência. Perderam o amor natural, tornaram-se pior que os pagãos e cometeram um crime hediondo, atentaram contra a vida do próprio irmão.

Quinto, José sofreu o desdém de seus irmãos (Gn 37.19-25). Os irmãos de José quiseram matá-lo e destruir seus sonhos. Eles pensaram que, eliminando José, destruiriam o plano traçado para ele. Assim, conspiraram contra o irmão, contra seus sonhos e contra o próprio Deus. A primeira coisa que fizeram com José foi despi-lo de sua túnica. Essa túnica era mais do que uma peça de vestuário; era um símbolo do amor preferencial de Jacó por José (Gn 37.3). Todas as vezes que olhavam para essa túnica de José, sentiam-se preteridos e ameaçados.

Sexto, José sofreu a atitude perversa de seus irmãos de matá-lo no coração e jogá-lo numa fossa (Gn 37.20-22). Os irmãos de José urdiram um plano para eliminá-lo. Aquela região era desértica. Eles o despiriam de sua túnica, o jogariam numa cisterna, salpicariam sua túnica com sangue de um cabrito e diriam a Jacó que um animal selvagem o havia devorado. Tudo parecia um crime perfeito. Eles só não contaram com a intervenção divina. Eles estavam ocupados fazendo o mal contra José, e Deus estava ocupado transformando esse mal em bênção.

Sétimo, José foi vendido como escravo pelos seus irmãos (Gn 37.27,28). Por interferência de Judá, eles decidiram descartar José não pelo expediente da morte, mas pelo caminho do comércio. Eles venderam José como uma mercadoria, um objeto. Eles não apenas afastaram José do caminho deles, mas ainda auferiram lucro com isso. Aqui está o primeiro caso de tráfico humano. O primeiro escravo foi vendido dentro da própria família. Eles não venderam um inimigo capturado na guerra nem um estranho ou inimigo perigoso, mas o próprio irmão, sua própria carne (Gn 37.27).

Oitavo, José sofreu o silêncio indiferente de seus irmãos na hora do seu clamor agônico (Gn 42.21). Jogado no fundo daquela cisterna, José foi tomado por uma profunda angústia de alma e rogou a seus irmãos, mas eles não o acudiram. José sofreu a dor de clamar sem ser ouvido, de chorar sem ser percebido, de gritar por socorro e ninguém lhe estender a mão.

Nono, José foi vítima de uma mentira criminosa de seus irmãos, mentira essa que levou Jacó, seu pai, a desistir de procurá-lo (Gn 37.31-34). Os irmãos de José tomaram sua túnica, mataram um cabrito e a molharam no sangue. Eles mesmos não levaram a túnica a Jacó, mas a enviaram com um recado cheio de maldade: "Achamos esta túnica; vê se é a túnica de teu filho, ou não" (Gn 37.32). Eles não tratam José como irmão, mas apenas como filho de Jacó. A linguagem da mágoa do pai e dos ciúmes do irmão suplantou a linguagem do amor. Naquela época, não havia exame de DNA. Por isso, Jacó concluiu: "A túnica de meu filho! Uma besta-fera o devorou; certamente José foi despedaçado" (Gn 37.33). A mentira dos irmãos de José levou Jacó a desistir de procurá-lo.

Décimo, José foi vítima de uma falsa consolação de seus irmãos (Gn 37.35). Eles foram mentirosos e hipócritas. Eles tramaram contra José, despiram-no de sua túnica, jogaram-no em uma cisterna, taparam os ouvidos ao seu clamor, venderam-no como mercadoria, forjaram uma situação para encobrir seu crime e, depois, tentaram consolar Jacó. Eles não apenas foram mentirosos e hipócritas, mas também contumazes no erro. Passaram-se vinte e dois anos, e eles mantiveram a mentira. Eles viram muitas vezes a cadeira de José vazia, e o rosto de Jacó encharcado de lágrimas, mas abafaram a voz da consciência e mantiveram aquela trágica mentira. A mentira deles tinha uma única finalidade, levar Jacó a esquecer José.

Em segundo lugar, *o sofrimento emocional do desvalor*. José foi um adolescente amado pelo pai, traído pelos irmãos e vendido como escravo para um país estrangeiro. Este é o primeiro tráfico de escravos da Bíblia (Gn 37.36). Ele deve ter se sentido menos do que gente, objeto, mercadoria. Se não fosse por seus sonhos, ficaria marcado o resto da vida, complexado e revoltado. Contudo, ele não precisou ir para um divã. Ele não ficou amargo nem alimentou ódio ou vingança em seu coração. No Egito, ele foi revendido. Foi colocado no balcão como um produto. Ele foi exposto na vitrina como uma mercadoria. Foi considerado apenas mão-de-obra, máquina de serviço, sem nome, sem identidade, sem sentimentos.

Em terceiro lugar, *o sofrimento emocional da injustiça*. Pela sua fidelidade a Deus, José é promovido a mordomo da casa de seu senhor. Mas, por sua fidelidade a Deus, sofre mais uma vez. Sua patroa tramou contra ele. Ela tentou seduzi-lo e levá-lo para a cama. Ela fez isso muitas vezes e com irremediável persistência. Mas José, em momento algum, abriu a guarda. Ele era escravo e, ao mesmo tempo, livre. Os egípcios podiam alugar seus braços, mas não seu coração. Eles podiam comprar sua vida, mas não sua consciência. Ele estava disposto a ser preso e até morrer, mas não a pecar. Preferiu ir para a cadeia e ficar com a consciência livre a auferir as vantagens do pecado e viver no calabouço da culpa. Sua patroa o agarrou, mas ele fugiu. É melhor ser mal interpretado pelos homens e aprovado por Deus do que praticar o pecado escondido e ser reprovado pelo céu. José foi levado para a cadeia pela acusação de assédio sexual. Às vezes, sofremos por nossa fidelidade a Deus. Abel foi assassinado por Caim, Saul quis matar Davi, Potifar jogou José na cadeia.

Todavia, o Senhor era com José (Gn 39.2). Este resolveu viver uma vida pura no meio da podridão. Ele não era produto do meio, mas um agente transformador dele. José estava disposto a ser preso, a ser morto, menos negociar sua consciência.

Em quarto lugar, *o sofrimento da ingratidão*. Na cadeia, depois de ganhar a simpatia do chefe da prisão, ele é esquecido pelo copeiro de faraó. Foi, mais uma vez, vítima de ingratidão e do esquecimento (Gn 40.14,23). Ficou mais dois anos mofando na cadeia, injustamente. Em sua casa, foi vítima da inveja dos irmãos. Na casa de Potifar, foi vítima da sedução de sua patroa. Na prisão, foi vítima do esquecimento do copeiro de faraó. A inveja de seus irmãos o levaram para o Egito. A sedução de sua patroa o levou para a cadeia. A ingratidão do copeiro o fez permanecer na prisão além do que gostaria de ficar. Em tudo isso, porém, José não deixou azedar seu coração. Deus era o Senhor de seus sonhos. José sabia que Deus estava no controle. Às vezes, o caminho da coroação passa pelo vale. Não há vitória sem luta nem exaltação sem humilhação. José não saiu da cadeia no tempo que gostaria, porque, se tivesse saído, o máximo que teria sido era um bom lavador de copos no palácio do faraó. Naqueles dois anos, Deus construía a rampa do palácio, para que José saísse da cadeia e fosse o governador do Egito.

Um jovem fiel a Deus na adversidade e na prosperidade

Muitos conseguem permanecer fiéis no vale, mas, quando chegam ao topo da montanha, caem; conseguem ficar firmes na adversidade, mas naufragam na prosperidade. José foi fiel tanto na adversidade quanto na prosperidade.

Ele foi fiel quando estava com sua família, quando era objeto do ciúme e do ódio de seus irmãos. Ele foi fiel como escravo. Durante treze anos, foi escravo no Egito, ou seja, dos 17 aos 30 anos (Gn 37.2 e 41.46). Ele foi fiel como mordomo. Também foi fiel na cadeia (Gn 39.21-23; 41.14). Agora, é conduzido ao trono como governador do Egito e permanece fiel.

O faraó tem um sonho. Os magos não conseguem interpretá-lo (Gn 41.24). José é levado ao faraó. Este o exalta (Gn 41.15), mas José devolve a glória a Deus (Gn 41.16,25). José interpreta o sonho do faraó (Gn 41.25-32). José aconselha o faraó (Gn 41.33-36). José é elevado à honrada posição de governador do Egito (Gn 41.39-44). Muitos lidam bem com a crise, mas não sabem lidar com o sucesso. Há mais pessoas que caem com o sucesso do que com a adversidade. José, porém, manteve-se de pé tanto no vale quanto no monte; tanto na adversidade quanto na prosperidade; tanto na prisão como no palácio.

Os sonhos de José o levaram a quatro fases de liderança: na casa do pai, na casa de Potifar, na prisão e no palácio. Cada subida foi precedida de humilhações e de ameaças de morte. Mas José permaneceu fiel, e Deus o fez prosperar. Porque foi fiel a Deus, este foi o Senhor dos seus sonhos e o realizador deles. Ele chegou ao topo da realização de seus sonhos porque subiu os sete degraus da obediência:

Primeiro, foi obediente em tudo a seu pai.

Segundo, foi leal e fiel a seus irmãos ingratos.

Terceiro, nunca se tornou amargo, revoltado, queixoso em face das acusações injustas.

Quarto, como servo de Potifar, servia não somente para agradar e receber favores, mas o fazia com fidelidade a Deus.

Quinto, não cedeu à tentação mais sutil da mulher de Potifar. Mesmo indo para a prisão, ao ser elevado ao poder não procurou vingar-se dela.

Sexto, mesmo sendo preso injustamente, na cadeia, revelou um caráter impoluto, uma conduta irrepreensível.

Sétimo, como governador do Egito, tendo poder em suas mãos, nunca procurou vingar-se daqueles que lhe fizeram mal. Ele fecha sua biografia sendo chamado de *Zafenate Panéia*, salvador do mundo, um verdadeiro tipo de Cristo!

10

A TRIUNFANTE PROVIDÊNCIA DE DEUS NA VIDA DE UM HOMEM

(Gn 49.22; 50.20; At 7.8-16)

Se Deus nos ama, por que sofremos? Por que coisas boas acontecem a pessoas más e por que coisas más acontecem a pessoas boas? Por que pessoas cujos pés são formosos têm de pisar estradas crivadas de espinhos e aqueles que semeiam a violência pisam tapetes aveludados?

A doutrina da providência divina nos mostra que Deus é soberano e que Ele está no controle absoluto de todas as coisas. Deus não desperdiça sofrimento na vida de seus filhos. As provas pelas quais passamos são inevitáveis, variadas, passageiras e pedagógicas, mas todas elas são trabalhadas por Deus para nosso bem final.

Nosso Deus ainda continua transformando vales em mananciais, desertos em pomares, noites escuras em manhãs cheias de luz, vidas esmagadas pelo sofrimento em troféus de Sua generosa graça.

A vida de José do Egito, filho de Jacó, é uma das mais lindas histórias da Bíblia. Ele foi um homem fiel a seus pais, a seus superiores e a Deus. Ele foi fiel na adversidade e na prosperidade. Ele viu Deus transformar suas tragédias em triunfo. Ele foi o mais próximo tipo de Cristo na Bíblia: 1) Amado pelo pai e invejado pelos irmãos. 2) Vendido por vinte moedas de prata. 3) Desceu ao Egito em tempos de prova. 4) Perseguido injustamente. 5) Abandonado pelo amigo. 6) Exaltado depois da aflição. 7) Salvador de seu povo.

A vida de José nos ensina algumas lições preciosas:

A presença de Deus conosco (At 7.9)

Deus não nos livra dos problemas, mas está conosco em meio ao problemas (At 7.9). Destaco aqui alguns pontos importantes:

Em primeiro lugar, José enfrentou a dor do desprezo de seus irmãos. Os sonhos de José foram o pesadelo de seus irmãos. Eles se encheram de ódio porque Deus enchia o coração de José de gloriosos sonhos. Por ser amado do pai e viver uma vida íntegra, seus irmãos passaram a ter inveja dele. Em vez de imitar as virtudes de José, seus irmãos desejaram destruí-lo. José sofreu o boicote de seus irmãos que não falavam mais pacificamente com ele (Gn 37.4). José sofreu o ódio dos irmãos (Gn 37.4,8). José sofreu a traição e a conspiração de seus irmãos (Gn 37.18). José sofreu o desdém de seus irmãos (Gn 37.19,25).

Em segundo lugar, José enfrentou a dor do abandono. José foi jogado no fundo de um poço. Seus irmãos o abandonaram e o mataram no coração (Gn 37.20-22). Eles taparam os ouvidos ao clamor de José do fundo da cova (Gn 42.21). Ele foi rejeitado por aqueles que mais deviam amá-lo.

Em terceiro lugar, José enfrentou a dor de sentir-se um objeto descartável. José foi vendido como escravo pelos seus próprios irmãos (Gn 37.27-28). Ele foi tratado como mercadoria descartável. Ele foi arrancado brutalmente de seu lar, dos braços de seu pai, de sua terra. Sua vida foi arrasada, sua dignidade foi pisada. José foi vítima da mentira criminosa de seus irmãos que levou Jacó a desistir de procurá-lo (Gn 37.31,34). José foi vítima de uma consolação falsa de seus irmãos a Jacó, pois eles tentaram induzir Jacó a esquecer-se de José (Gn 37.35).

Em quarto lugar, José enfrentou a dor de viver sem identidade. José agora é um adolescente amado pelo pai, traído pelos irmãos, vendido como escravo para um país estrangeiro. Ele sentiu-se menos do que gente, objeto, mercadoria. Se não fossem seus sonhos, ficaria marcado para o resto da vida. José foi para o Egito sem nome, sem honra, sem dignidade pessoal, sem direitos, sem raízes. No Egito, é revendido. É colocado no balcão, na vitrina. É apenas mão-de-obra, máquina de serviço, mercadoria humana.

Em quinto lugar, José enfrentou a dor do assédio sexual. José poderia enumerar várias razões para justificar sua queda moral com a mulher de Potifar, seu amo.

Primeiro, ele era um adolescente (Gn 39.2). Os psicólogos diriam: esse é o tempo da auto-afirmação. Os médicos diriam: esse é o tempo da explosão dos hormônios. Os jovens diriam: ele precisa provar que é homem. Ele poderia dizer: o apelo foi irresistível.

Segundo, ele era forte e bonito (Gn 39.6). O texto bíblico diz que José era formoso de porte e de aparência. Ele era um jovem belo, inteligente, meigo e líder. Por isso, "a mulher [...] pôs os olhos em José" (Gn 39.7). José era um moço dotado de características atraentes. Ele era belo por fora e por dentro. Sua personalidade carismática, seu caráter sem mácula e sua beleza física fizeram dele o alvo predileto da cobiça da mulher de seu amo.

Terceiro, ele estava longe da família (Gn 39.1). Não tinha ninguém por perto para vigiá-lo. Ele já sofrera com a traição dos irmãos. O pai não estava por perto para cobrar nada. Ninguém o conhecia para se escandalizar com suas decisões. O compromisso de José, porém, não era com a opinião pública. Sua fidelidade não tinha que ver com popularidade ou com reputação social. Seus valores estavam plantados em solo mais firme. Seu compromisso era com Deus e consigo mesmo. José não era um ator nem um hipócrita. Seu comportamento era coerente, perto ou longe da família. Ele não tinha duas caras, duas atitudes. Havia consistência em sua vida.

Quarto, ele era escravo (Gn 39.1). Afinal de contas era sua própria senhora que o seduzia. Ele podia pensar que não tinha nada a perder e ainda: um escravo só tem de obedecer. Entretanto, José entendeu que Potifar lhe havia confiado tudo em sua casa, menos sua mulher. José sabia que a traição conjugal é uma facada nas costas, uma deslealdade que abre feridas incuráveis. Ele estava pronto a perder sua liberdade, mas não a sua consciência pura. Estava pronto a morrer, mas não a pecar.

Quinto, ele foi tentado diariamente (Gn 39.7,10). Não foi ele quem procurou. Foi a mulher que lhe dizia todos os dias: "Deita-te comigo". Ele poderia ter racionalizado e dito para si mesmo: "Se eu não for para a cama com ela, perco o emprego e ainda posso ser preso". Mas José não cedeu à tentação. Ele agiu de forma diferente de Sansão, que não resistiu à tentação e, por pressão, acabou sendo tomado por uma impaciência de matar e naufragou no abismo do pecado. José não abriu espaço em seu coração para flertar com o pecado. Ele não ficou paquerando o pecado, acariciando-o no coração.

Sua atitude foi firme a despeito da insistência da mulher de seu senhor.

Sexto, ele foi agarrado (Gn 39.11,12). Ele podia dizer: "Eu fiz o que estava a meu alcance. Se eu não cedesse, o escândalo seria maior". José preferiu estar na prisão, com a consciência limpa, a estar em liberdade na cama da mulher com a consciência culpada. Ele perdeu a liberdade, mas não a dignidade. Ele resistiu ao pecado até o sangue. José manteve-se firme por entender a presença de Deus em sua vida (Gn 39.2-3), a bênção de Deus em sua vida (Gn 39.5). Também por entender que o adultério é maldade contra o cônjuge traído (Gn 39.9) e um grave pecado contra Deus (Gn 39.9). Em relação às paixões carnais, o segredo da vitória não é resistir, mas fugir. José fugiu e, mesmo indo para a prisão, escapou da maior de todas as prisões, a prisão da culpa e do pecado.

Em sexto lugar, José suportou a dor da demora de Deus. José foi injustiçado em sua casa. José foi injustiçado em seu trabalho. José foi injustiçado na prisão. Passaram-se treze anos até que ele fosse recompensado. Você pode imaginar o que é viver em fidelidade tanto tempo até Deus reverter a situação?

William Cowper, o brilhante poeta inglês, escreveu: "Por trás de toda providência carrancuda, esconde-se a face sorridente de Deus". John Bunyam ficou preso quatorze anos em Bedford, na Inglaterra, por pregar a Palavra de Deus em praça pública. Via, das grades da prisão, sua filha primogênita cega, e isso lhe cortava o coração. Mas, na prisão, ele escreveu o livro mais lido no mundo depois da Bíblia: *O peregrino*. Esse livro é instrumento de Deus para levar milhares a Cristo. Ele é fonte de consolo para muitos corações feridos. Deus transforma nossa dor em fontes de cura para os outros. Ele nos consola em nossa tribulação para podermos consolar outros, que passam pelas mesmas circunstâncias, com as mesmas consolações com as quais somos contemplados por Deus (2Co 1.3,4).

O texto de Atos 7.9 revela uma verdade consoladora na vida de José: "... mas Deus era com ele". A presença de Deus é real, embora não vista; a presença de Deus é constante, embora nem sempre sentida; a presença de Deus é restauradora, embora nem sempre reconhecida.

"... mas Deus era com ele". Há um plano perfeito sendo traçado no andar de cima. Deus está no controle. Ele vê o fim da História. Ele tece os fios da História de acordo com seu sábio propósito. Os dramas de nossa vida não apanham Deus de surpresa. Os imprevistos dos homens não frustram os desígnios de Deus. O Senhor já anunciara a Abraão que sua descendência estaria no Egito. Deus usava o infortúnio de José para cumprir Seus gloriosos propósitos.

"... mas Deus era com ele". Deus jamais desampara os que confiam nele. Ele não nos poupa dos problemas, mas caminha conosco em meio aos problemas. Quando passamos pelo vale da sombra da morte, Ele vai conosco. Quando passamos pelas ondas, rios, fogo, Ele vai conosco. Quando os amigos de Daniel estavam na fornalha, o Quarto Homem estava com eles. Jesus prometeu estar conosco sempre, todos os dias de nossa vida, até a consumação dos séculos.

A intervenção de Deus por nós (At 7.10)

Deus não nos livra de sermos humilhados, mas nos exalta em tempo oportuno (At 7.10). Há alguns pontos na vida de José que merecem ser destacados:

Em primeiro lugar, José foi humilhado por ser fiel. Ele foi humilhado em sua família. Foi humilhado por sua senhora. Foi humilhado na prisão pelo copeiro do faraó, mas este se esqueceu de sua promessa. Foi humilhado durante treze anos por não transigir com os absolutos de Deus em sua vida. Quando uma pessoa sofre por causa de seus desatinos, isso parece fazer sentido. Mas José sofria por andar na verdade, por não transigir com o erro, por não ceder às pressões e seduções do pecado.

Em segundo lugar, Deus trabalhou na vida de José, dando-lhe três coisas. A primeira, consolação em seus problemas (At 7.9). Deus estava com ele em seus problemas. A segunda, libertação de seus problemas (At 7.10). Deus não o livrou de ter problemas, mas livrou-o de ser tragado pelos problemas. A terceira, promoção depois de seus problemas (At 7.10,11). Ele foi exaltado depois de ser provado e humilhado.

Em terceiro lugar, Deus exaltou José depois da humilhação. Podemos verificar essa ação de Deus na vida de José de quatro formas:

A primeira: Deus o livrou de todas suas aflições. Vida cristã não é ausência de aflição, mas livramento nas aflições. Depois da tempestade, vem a bonança. Depois do choro, vem a alegria. Depois do vale, vem o monte. Depois do deserto, vem a terra prometida. Assim como Deus livrou José de todas as suas aflições, Ele é poderoso para enxugar suas lágrimas, para aliviar seu fardo, para acalmar as tempestades de seu coração, para trazer bonança para sua vida e lhe dar um tempo de refrigério.

A segunda: Deus lhe deu graça e sabedoria. Para entender o que ninguém entendia. Para ver o que ninguém via. Para discernir o que ninguém compreendia. Para trazer soluções a problemas que ninguém previa. O futuro do Egito e do mundo foi revelado a José por meio do sonho do faraó. Em José, havia o Espírito de Deus. Por meio da palavra de José, o mundo não entrou em colapso. Por expediente de José, a crise que poderia desabar sobre o Egito e as nações vizinhas foi transformada em oportunidade para Deus cumprir Seus gloriosos propósitos na vida de Seu povo.

A terceira: Deus o galardoou e o fez instrumento de bênção para os outros. Deus usou seus irmãos para colocá-lo no caminho da providência e usou José para salvar a vida de seus irmãos. Todas as coisas cooperam para o bem daqueles que amam a Deus. José foi o instrumento que Deus levantou para salvar o mundo da fome e da morte.

A quarta: Seu pai, Jacó, profetizou uma bênção sobre ele confirmando-lhe a bênção de Deus (Gn 49.22). Jacó sintetizou a bênção de Deus sobre José, dizendo: "José é um ramo frutífero, ramo frutífero junto a uma fonte; seus raminhos se estendem sobre o muro". José tornou-se frutífero. Sua vida foi uma bênção. Ele fez diferença em seu tempo. Ele marcou a História. Muitos reis e potentados têm seus nomes cobertos pela poeira do esquecimento, mas o nome de José é celebrado ainda hoje. Ele foi frutífero, porque foi um ramo junto à fonte. O segredo de seu sucesso foi sua intimidade com Deus. Foi Deus Quem o fez prosperar. Foi a mão da providência divina que o conduziu em triunfo. José foi ramo que se estendeu sobre os muros. Ele esparramou as influências abençoadoras de sua vida para outros povos. Ele influenciou os que estavam perto e os que estavam longe. Foi bênção em casa e fora de casa.

A graça de Deus por meio de nós (At 7.11-16)

Deus não nos poupa de sofrermos injustiças, mas nos dá poder para triunfarmos sobre elas por meio do perdão (At 7.11-16). Chamo sua atenção para dois pontos:

Em primeiro lugar, José foi injustiçado pelos seus irmãos, mas compreendeu que eles estavam sendo apenas instrumentos da providência divina em sua vida. Três textos nos provam isso:
- **Gênesis 45.5** – "Agora, pois, não vos entristeçais, nem vos aborreçais por me haverdes vendido para aqui; porque para preservar vida é que Deus me enviou adiante de vós".

- **Gênesis 45.8** – "Assim não fostes vós que me enviastes para cá, senão Deus, que me tem posto por pai de Faraó, e por senhor de toda a sua casa, e como governador sobre toda a terra do Egito".
- **Gênesis 50.20** – "Vós, na verdade, intentaste o mal contra mim; Deus, porém, o intentou para o bem, para fazer o que se vê neste dia, isto é, conservar muita gente com vida".

Como é importante saber que o acaso não existe! Nossa vida não é guiada por um destino cego nem mesmo por coincidências. Não somos controlados pelos astros nem mesmo por reações químicas de nosso cérebro. Nosso destino está nas mãos do Deus vivo. É Ele Quem nos toma pelos braços, nos guia com Seu conselho eterno e depois nos recebe na glória (Sl 73.23,24).

Em segundo lugar, José decide perdoar seus irmãos, em vez de buscar a vingança. José resolveu pagar o mal com o bem. Perdoar é restaurar, é cancelar a dívida, é não cobrar mais. É deixar o outro livre e ficar livre. Perdoar é oferecer ao ofensor o seu melhor. O perdão oferece cura para os ofensores e ofendidos.

José deu várias provas de seu perdão:

Primeiro, deu o nome de Manassés a seu primeiro filho (Gn 41.51). Quando o filho primogênito de José nasceu, este deu-lhe o nome de Manassés, pois disse: "Deus me fez esquecer de todo o meu trabalho, e de toda a casa de meu pai". O nome Manassés significa "perdão". José estava apagando de sua memória todo o registro de mágoa e ressentimento. Ele queria celebrar o perdão.

Segundo, deu a melhor terra do Egito a seus irmãos (Gn 45.18,20). O amor que perdoa é generoso. Ele paga o mal com o bem. Ele busca os meios e as formas para abençoar aqueles que um dia lhe abriram feridas na alma.

Terceiro, sustentou seus irmãos e seu pai (Gn 47.11,12). Seu perdão não foi apenas uma decisão emocional regada de palavras piedosas, mas um ato deliberado e contínuo que desaguou em atitudes práticas. Ele não apenas zerou a conta do passado, mas fez novos investimentos para o futuro.

Quarto, pagou o mal com o bem (Gn 50.19-21). Ele olhou para a vida com os olhos de Deus e percebeu que o ato injusto dos irmãos, embora tenha sido praticado com motivações erradas, foi usado por Deus para a salvação de sua família. Agora, tendo poder para retaliar, usa esse poder para abençoar.

Concluo, afirmando que da vida de José aprendemos duas grandes lições:

A primeira delas é o caráter ondulatório da vida. A vida de José foi tecida pelas marcas da exaltação e humilhação; por altos e baixos. Nossa vida também é ondulatória: luz e sombras; alegrias e choro; festa e luto; saúde e doença; perdas e ganhos; celebração e lamento; dias claros e dias tenebrosos; esperança e medo; alívio e dor. Precisamos aprender a olhar a vida pela perspectiva de Deus para não nos desesperarmos quando estivermos cruzando os vales escuros da vida. O importante é que Cristo seja glorificado em nosso corpo, quer pela vida, quer pela morte (Fp 1.20).

A segunda lição é a providência triunfante de Deus. O plano de Deus é perfeito. Ele já nos destinou para a glória. Não importa quão estreito seja o caminho, quão cheio de espinhos seja a estrada, ou quão furiosos sejam os inimigos que nos espreitam. Nossa tribulação é certa, e nossa vitória, segura.

Os infortúnios humanos não frustram os planos divinos. Portanto, devemos aprender as seguintes lições:

- Estejamos preparados para mudanças circunstanciais na vida.
- Não transijamos com os valores absolutos, mesmo quando as provas forem terrivelmente opressoras;

- Confiemos em Deus quando as coisas estiverem em seu pior estágio. Esperemos e confiemos. A tempestade passará. O sol voltará a brilhar.
- Saiba que Deus tem grandes propósitos para a nossa vida e por intermédio de nossa vida. Deus ainda está escrevendo a sua história e a minha, e o último capítulo ainda não lhe foi revelado. Coisas melhores estão por vir. O melhor está por vir!

Sua opinião é importante para nós. Por gentileza, envie seus comentários pelo e-mail editorial@hagnos.com.br

Visite nosso site: www.hagnos.com.br

Esta obra foi impressa na Imprensa da Fé.
São Paulo, Brasil.
Primavera de 2017